あなたに幸せを運ぶ インナーチャイルドの愛し方

傷ついた内なる子供を癒し心から幸せになる魔法

藤本こずえ 著

セルバ出版

はじめに　ようこそ！　可能性に満ちたあなたへ

はじめまして。こずえです。あなたが本書を選んでくださってとてもうれしいです。すべての人にとって、内なる子供（インナーチャイルド）を愛し、癒す体験が、心からの幸せを運び、本当の自己の才能を開く鍵を握っているからです。それはまるで、あなたの中に眠っている無数のクリスタルの断面を、１つひとつ丁寧に磨いていく作業でもあります。

想像してみてください。今、あなたがどんな状態であっても、誰とも比べることのできない輝きに満ちた存在なのだということを。天からお母さんのお腹に宿ったばかりのあなたを。愛にあふれ、叡知にあふれ、自分や他者が大好きなあなたを。顔を真っ赤にして泣いているあなたを。くったくのない笑顔のあなたを……

ただ存在する命そのもののあなた。

なんだか愛おしく思えませんか？
本来わたしたち誰もがみな、あるがままで尊い存在であり「自分らしさの種」を持って生まれてきています。そして、この種こそが、純粋な愛にあふれ、無限の可能性に満ちあふれたＤＮＡの型のような、生き生きとした子供の資質なのです。

自分らしさの種を育てることができなかった要因

心理的発達において、わたしたちが本当の自己を成長させるためには、この世に歓迎され、あるがままを受け入れられ、守られ、愛される体験を重ねていくことが課題となります。しかし、生まれ育った環境の中で、本当の「気持ち」や「欲求」を表現することや、子供らしく未熟で不完全であることが十分に体験できないと、本当の自己を発達させることができません。残念ながら、このような環境下の中では、唯一無二の自分という花を咲かせるための栄養が不足してしまうのです。純粋ゆえに傷つき、本来の可能性や喜び、「自分らしさ」も押し込められていきます。代わりに、お母さんやお父さん、周りの期待に応えること、環境に適応することで、それがあたかも自分であるように、適応された自己を強化していかねばならないのです。つまり、生き抜くために発達せざるを得なかった性格の中核に、傷ついたインナーチャイルドが存在します。

インナーチャイルドに触れる

インナーチャイルドにつながり、コミュニケーションするのに特別な技術は必要ありません。実際には、わたしたちが意識していてもしていなくても、毎日の生活の中で、何度も何度も接触しているからです。たとえば、あなたが日々感じている違和感、モヤモヤ、イライラ、やる気のなさ、頑張りすぎる、人の目が気になる、ひらきなおり、疲労感、不安感、あきらめ、孤独感、不足しているという感覚、誰かを責める、自分を責める、何も感じない、自分の本当に欲しいものがわからない…それらの感覚や行動すべての中に、長い年月をかけて切り離されてしまったインナーチャイルドが存在するのです。

インナーチャイルドはあなたを必要としています

多くの人にとっては、自分の痛みや傷つきは受け入れがたい部分かもしれません。そして、できる限りそんな自分は見たくないし、感じたくないのです。ごまかしてやり過ごしたいのです。しかし実際には、切り離され、放置された内なる子供は、大人のわたしたちの日常の思考や感情、ふるまいに入り込み、占領し続けています。無視しても、無視しても、影のようにつきまとっています。その子が、心の底から欲しているものはなんでしょう…。

それはただ1つ。大人のあなたの愛と注目です。

お母さん、わたし（僕）はここにいるよ
お父さん、わたし（僕）をみてほしい

小さなあなたは、助けを求め続けています。

大人のわたしたちが今できること

あなたは今、幸せを感じていらっしゃいますか？　自分を生きているという感覚がありますか？　心は満たされていますか？　ときに上手くいかなくても、あなたの生活には愛という潤いが浸透していますか？　もし、自信をもってイエスでないのであれば…本書はそんなあなたのために書いたものです。もう一度、お母さんのお腹に宿ったときには持っていた、輝きに満ちたあなたという存在の種を育ててみませんか？　傷つきを抱えたインナーチャイルドは見放されてしまった人格の一部。大人のわたしたちが根気よく愛をもって接すれば、癒され、安心して、みるみる元気になっていきます。と同時に、大人のわたしたちが本当の自分を生きることを可能にし、幸せをもたらしてくれるのです。

子供のときには存在しなかった大人のあなたが、今、その子のために存在し、愛と注目を与えてあげられるなんて奇跡のようですね。その奇跡を起こせるだけの力があなたにはあるのです。今ここに、わたしたちは大切な自分を無視し続けることから決別しなければなりませんね。

平和の光を灯してホームに還ろう

もし、誰もが自分の内側から平和を築くことができたら、この世に戦争は存在しないのです。だからこそ、傷つき、1人ぼっちの内なる子供を愛し、輝きに満ちた自分を取り戻すことは、あなたにとっても、周りの人にとっても価値ある行為なのです。もちろん、今すぐ世界に平和をもたらすことは難しいかもしれません。しかし、わたしたちは自分の内側に、平和の光を灯すことができます。その光はあなたに、懐かしいホームに還るような安堵感と幸せを運んでくれることでしょう。

さあ、この内なる旅路に、どうぞ希望を持って進んでください。でも、忘れないで欲しいのです。決して1人ではないということを。すでにこの旅を歩み始めているメンバーがいます。もちろん、わたしも寄り添っています。だから安心してくださいね。

皆で一緒に、この世で1人のかけがえのない自分自身を見つけにいきましょう。

♡ハートで受け取りましょう

あなたはあるがままで尊い存在です。

藤本　こずえ

2023年7月

あなたに幸せを運ぶインナーチャイルドの愛し方
~傷ついた内なる子供を癒し心から幸せになる魔法~　目次

第2章　なぜインナーチャイルドを癒すと幸せになれるのか「理由」

第3章　まずは大人のあなたのハートを満たす準備「習慣STEP1」

第4章　さあ、インナーチャイルドを癒すレッスン「習慣STEP2」

第5章　インナーチャイルドを癒す7つのプログラム「習慣STEP3」

第1章　生きづらさやくりかえす人間関係の悩みの本当の「原因」

1. なぜ？　くりかえされる悩みの正体とは…

悩みから解放されないのは本当の○○がわかっていないから

インナーチャイルド療法の先駆者であるトリシア・カエタノは言います。「お客様が悩み続ける理由。それは、本当の悩みがわかっていないから」だと。

では、本当の悩みとは、いったい何処にあるのでしょう？

例えば、お子さんに強い怒りをぶつけてしまうことで悩んでいるお母さん。イライラにスイッチが入ると自制ができず、止められません。でも、自分ではどうしようもできないのです。

いつの間にか、子供時代に親からされて嫌だったことをしていることに気づき、ショックを受け、自分を責める負のループにはまり込んでしまいます。

親御さんにもお子さんにも問題はありません

実は、一生懸命な親御さんほど、自分の子育てやお子さんの性格に問題があるのでは？と、様々な対処法を学ばれます。しかし、頭では理解できていても、いざとなると行動が伴わず、結局はいつもと同じパターンをくりかえしてしまうのです。子育ての知識を得るものですから、その通りに対処できない自分に、かえって心の傷が深くなることもあります。

「どうしてわたしはできないのか」「ダメな母親（父親）だ」と苦しみ、「このままでは自分と同じような苦しみや生き辛さを子供に引き継がせてしまう！」とインナーチャイルド癒しのプログラムに参加される方は多いです。本当は穏やかに接したい、大切な子供に幸せになって欲しい、と思ってもそうすることができないのは、親としてとても辛いですよね。

だからこそ、お母さん・お父さんが自らの悩みの正体を見つけ、ご自身に癒しを与えることは何より優先されるべきなのです。自分のインナーチャイルドに愛を向けることで、イライラにスイッチが入っても、爆発せずに対処できるようになるのですから。

くりかえし起こる問題の中に潜んでいる悩みの正体

いつも人間関係で同じような問題が起きる。頑張りすぎて疲弊してしまう。相手の顔色をうかがって、機嫌を損ねないようにすることが、かえって逆効果になってしまう。周りのために一生懸命やっているのに、自分は理解されないことが多い。どうしてもやめられない不健康な習慣がある。時折感情のコントロールができなくなる。自分や他人を否定したり責めたりする癖から抜けられない。など、くりかえし起こる問題や悩みにぶつかってしまうことはありませんか？　あるいは、苦手だと思う人から逃げられたと思っても、また同じような人に出会ってしまう。といった経験はないでしょうか？　これらの問題に潜んでいる悩みの正体とは、「無意識」に存在し、インナーチャイルドはコア＝核となる原因を握っています。

2. 無意識というわたしたちのあり方を支配する司令塔

意識の95%を占める膨大な記憶の倉庫

わたしたちのあり方をコントロールしているのが「無意識」という意識の領域です。およそ95%を占めている無意識の領域は、過去の体験によって刷り込まれている記憶が膨大なデータとして保存されています。「潜在意識」とも呼ばれ、感覚、感情、呼吸や心臓などを動かす生理的機能、イメージ、信念や自己概念、思考を通さない習慣化された行為などを司っています。

認識できる意識はわずか5%

「顕在意識」はわたしたちが認識している意識で、思考や知性、意思、理性などを司っていますが、わずか5%ほどしか容量がないのです。意識の構造的に言っても、わたしたちの日常生活に多大な影響を与えているのが無意識なのです。

無意識下に刷り込まれている信念のうち、ネガティブなものが問題や悩みの原因にもなりますが、気づくことなく日常を過ごしている方は多いのです。

天才催眠療法家であり、精神科医、心理学者のミルトン・エリクソンが言った「患者は、自分自身の無意識とのラポール（信頼関係）から外れているが故に患者なのだ」という言葉は有名です。

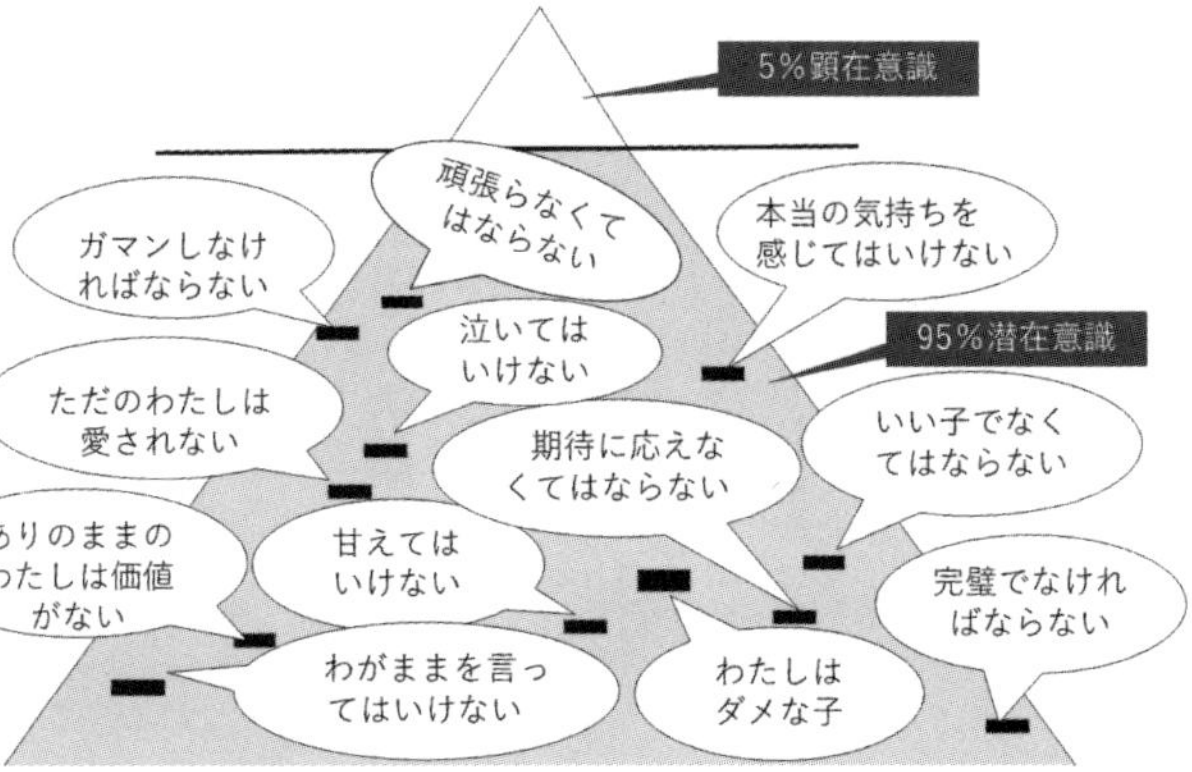
5%顕在意識
95%潜在意識
頑張らなくてはならない
ガマンしなければならない
本当の気持ちを感じてはいけない
泣いてはいけない
ただのわたしは愛されない
期待に応えなくてはならない
いい子でなくてはならない
ありのままのわたしは価値がない
甘えてはいけない
完璧でなければならない
わがままを言ってはいけない
わたしはダメな子

３．悩みのコアを握るインナーチャイルド

無意識に刷り込まれた影響は大

わたしたちが、自分では避けられない言動、思考、感情で雁字搦めになっているとき、無意識に刷り込まれている

「○○であるべき」

「○○であってはいけない」

「わたしは○○だ」

などという悩みのコアに触れています。

つまり、先ほどの例でお伝えしたお母さんの場合、無意識のデータとして保存されているこうあるべき（こうあってはいけない）などにスイッチが押されたとき、悩みの本当の原因を抱えている、傷つき、抑圧されたインナーチャイルドが発動するので、顕在意識での理性や知性の回路が絶たれてしまい、思考ができなくなってしまうのです。

無意識のデータがスイッチＯＮになると…

無意識のデータにスイッチが押されると、凍り付いて固まっているインナーチャイルドに触れ、情動が爆発し、痛みを避ける振る舞いをするか、攻撃するか、通常の意識では考える余地のない反応として現れます。

スイッチが押される状況はそれぞれです。

恋人やパートナーとの関係性

・愛されていないと感じるとき
・ないがしろにされたと感じるとき
・嘘をつかれていると感じるとき
・乱暴に扱われたとき
・無視されたと感じるとき
・大切にされていないと感じるとき

子育て中

・子供がいつになっても宿題にとりかからないとき
・ぐずぐず、ダラダラしているとき

・ゲームやＳＮＳばかりに夢中になっているとき
・いい子でないとき
・言うことを聞かないとき
・キャッキャと声をあげて楽しんでいるとき
・泣き叫ぶとき
・兄弟姉妹ケンカをしているとき
・自分に甘えてくるとき

職場・友人関係の中で

・機嫌の悪い人にビクっとするとき
・自分ができないと感じるとき
・どうでもいい存在だと感じるとき
・馬鹿にされていると感じるとき
・人の分まで引き受けてしまうとき
・頼られて断れないとき
・完璧にやらなければ、期待にこたえなければと感じるとき

両親との関係の中で

・責められているように感じるとき
・大切にされていないと感じるとき
・ほかの兄弟姉妹と対応が違うと感じるとき
・両親が幸せでないと感じるとき
・否定されたと感じるとき
・強制されたと感じるとき
・認められていない、受け入れられてもらえないと感じるとき

これらはわたし自身や生徒さんの実例の1部ですが、あなた自身もこれらについて思い浮かぶことを書き出してみてくださいね。無意識のデータがスイッチONになったときこそ、小さなあなたが大人のあなたを求めているときです。

4．生きづらさを生み出す偽りの性格7タイプ

性格の初期設定は7歳前後

「３つ子の魂、１００まで」という諺がありますが、この時期が脳の神経回路の形成においても重要な時期であることに間違いありません。わたしたちの脳の神経回路＝シナプスは妊娠後期〜生後1年の間に急成長し、その後、環境の中で必要なものを強化し、いらないものを刈り取っていきます。つまり、置かれた環境に適応していくために、機能的に発達させていくのです。

これらは、言語や才能や感情、思考面、精神面などすべてにおいて行われます。例えばその環境の中で「我慢すること」が期待されているのであれば、「我慢すること」を発達させ、と同時に、「自分らしくあること」は捨て去っていったかもしれません。

生き抜くための性格にこだわり続ける

このように、環境に適応しながら、わたしたちの性格の土台は7歳前後に初期設定されるようです。特に、傷つきをもったインナーチャイルドがその家庭環境で生き抜くために決めた自分の振る舞いはとても強力で、その後の人生での囚われにもなっていきます。ここに、本当の自己を押し込め、生き抜くために発達させなければならなかった役割をタイプ別にご紹介します。

ヒーロー（優等生）

第1子に多いと言われます。親にとっての自慢の息子、娘で、ひたすら親の期待に応えようと頑張ります。人から認められることや優秀であることなど、肯定的な注目を励みとします。

しかし、求められる基準が高く、いい成績をとっても認められないこともしばしば経験します。自分の価値を計れるものでしか感じられないため、常に不完全感があります。

ピースキーパー（救済者・慰め役）

両親や兄弟姉妹の感情を引き受けていた役割です。親の愚痴の聞き役を担い、精神的に親子が逆転しているケース。周りの状況に対しとても敏感で、誰が何をどう思っているのか？　に気を配り、辛い感情や嫌な気分を軽減させようと助けることに奔走します。

ケアテイカー（お世話役・リトルナース）

小さな看護師さんというラベル通り、親の代わりに兄弟姉妹、他の家族の物理的なお世話をしていたタイプです。誰かが怪我をしたらいち早く絆創膏を取りに行ったり、年齢に見合わない家事をしたり、母親に代わって父親の身の回りのお世話をすることもあります。すぐに下の子が生まれるなど、ただの子供である期間が短いです。

スケープ・ゴート（反逆者・犠牲の子羊）

第2子、真ん中の子にみられやすいタイプ。家でも学校でもトラブルを起こしやすいタイプで、反抗的な表現をします。ヒーローとは対極の否定的な注目を得ようとします。ケガや病気・問題行動など自らが犠牲となり、家族の問題よりもさらに大きな問題を作って意識を自分に向け、真の崩壊を防ごうとしているのです。

ロストチャイルド（失われた子供）

末っ子、真ん中の子にみられやすいタイプ。壁のシミとも言われ、居るか居ないかわからないぐらい静かに過ごします。なんでも親のいいなりで、目立たないことで家族の負担を減らそうとします。自分を主張したり、親に面倒をかけることなく、自分が受けるべき注目や愛情を他の兄弟に回しています。

ピエロ（道化師）

末っ子、真ん中の子にみられやすいタイプ。しんとした空気に弱く、緊迫した気配を感じたら、おどけ、笑わせることに気を配ります。可愛がられ笑われることを望んではいるものの、笑われると腹が立つという矛盾した感覚も持ち合わせています。それ以外に人から好かれる方法を知らず、仮面の下には怒りや寂しさを抱えています。

プリンス・プリンセス（マスコット）

1人っ子・末っ子に多いタイプ。親の可愛いお人形役を担います。親から溺愛されますが、親にとって都合のよい子であるのが前提で、それ以外の人格を経験することができません。

親の望み通りにしないと嫌われるという恐怖心を持ち合わせています。1人でできないことが多く、いつまでも子供でいたいという願望があります。

無意識下に押し込められている本当のあなたに接触できる

本来、唯一無二の自我を築くためには、あるがままの自己が受け入れられ、無条件で愛されることが望ましいのです。しかし、条件づけされた愛の中では、両親の欲求や期待により、あるときは褒められ、又あるときは罰を与えられたりするという体験を重ねながら、「こういう自分はＯＫ」「こういう自分はＮＯ」と順応するようになります。これらは無意識下で行われています。

生き抜くための役割タイプを解放することが自由の扉を開く

その環境の中で生き抜くために、これらの役割を強化していくのです。興味深いことに、兄弟姉妹の中で同じ役割を持つことはないのですが、それは家族としてのバランスを保つためです。

役割は1つに限らず、複数を担うケースや成長とともに違う役割タイプを表現することもあります。自分自身がどんな役割タイプを担ってきたのかについて考えてみましょう。潜在意識下に、愛を必要としているインナーチャイルドが存在していることがわかるはずです。

5. 役割を手放し本当の自分を生きる方法

大人のあなたに理解されること

これまでお話したように、わたしたちが純粋な自己としてお母さんのお腹に宿ったときから、環境への適応ははじまります。本来であれば、全体性を持って、ありとあらゆる感情を経験し、唯一無二の自己を発達させる能力を兼ね備えているわたしたち。

しかし、多かれ少なかれ、両親も子供時代に心に傷を抱え、本当の感情、自分らしさを抑圧しながら大人になっています。ですから、あるがままの自分という感覚を、十分に発達させることができなかった親の元では、その子供が本当の自己を育て、発達させていくことは難しいのです。

誰しもが、悩めるチャイルドを抱えていると言えるでしょう。孤独で、恐怖に怯える自分に触れるのは、勇気を要します。しかし、それは新たな可能性。

あなたが興味をもって、インナーチャイルドを愛し、癒し、本当の自己へと統合することができたのなら、希望と自由への道が待っているのですから。そのためには、心の奥底で傷つきを抱えながらも、一生懸命頑張ってきたインナーチャイルドを理解してあげなければなりません。それは、大人のあなた自身が小さなあなたにとって、１番理解ある親になることを示します。

演じていた役割を手放すのが難しい理由

生き抜いてきた役割は囚われにもなります。なぜなら、そこから得られるプラスの面が大きいからです。例えば、救済役をしてきたチャイルドを抱えたまま大人になった場合、自分のことはさておき、他者の感情を和らげようと奔走します。救済役を演じることでのプラスの側面は、人から感謝されるというご褒美です。自分の価値＝他者を救済することで得られるわけですから、それを手放すのはとても難しいものになるのです。

もし、その役割を降りたら、自分は価値がなくなってしまうのではないか？　誰からも認められないのではないか？　という恐れを抱えています。実は、その恐れこそがインナーチャイルドが抱えている傷なのです。

自分のことを感じてよいと許可を出しましょう

役割は悪いものではありませんが、インナーチャイルドは自分を犠牲にして囚われています。その痛みを癒すことで、「どうしても助けなければ」ではなく、必要に応じて、自分の状況や気持ちと対話しながら、バランスよく力を貸してあげることができるようになるのです。そこに自己犠牲や見返りを求めることはありません。

インナーチャイルドに、自分のことを考えていいんだよ。あなたの気持ちを感じていいんだよ。大切にしていいんだよ。と教えてあげることは何より重要です。そして、それを実践していけるのが、大人であるわたしたちなのです。あなたがただの自分を愛することではじめて、インナーチャイルドは役割から解放されはじめます。それはまるで本当の自己という種を育てていくようなもので、気長に栄養を与えていかねばなりなせん。しかし、わたしたちが本来の自由さ、唯一無二の自己を取り戻すために、何よりも価値のある時間であることを保証します。

6．発達年齢別インナーチャイルド傷つき度チェック

癒しは過去のあら捜しなのか？

インナーチャイルドは今、大人のわたしたちのありとあらゆる日常にかかわっています。傷つきを抱えた子供は、自分で自分を癒すことができないので、罰を与えられた子供のようにずっと暗闇で待っています。

助けを求めて泣き叫び、あるいは泣き叫ぶことすらあきらめ、押さえつけられた感情や思考のエ

ネルギーが、やがて健康をも蝕んでいくことに多くの人々は気づいていません。

しかし、小さな子供の傷つきは年月が経っても消えることはないので、生き辛さを抱え続け、本来の幸せから遠ざかっていくのです。ですから、インナーチャイルドを愛し、癒しを与えるという行為は、決して過去のあら捜しではなく、今をよりよく生きるため、自己実現への最高のツールといえるでしょう。

発達段階別インナーチャイルド傷つき度チェック

次のチェック診断は、インナーチャイルドの傷つきがもたらす影響について社会心理的発達段階ごとに示したものです。それぞれの年齢で必要な心や脳の栄養が十分に体験できなかったことが、大人になったわたしたちの日常生活にどのように表れているのかが診断できるものです。（）は傷つきの現れ方の逆パターンを示す症状になります。

0歳〜1歳まで

・過食、拒食、アルコール依存などを体験したことがある
・どこにも属していないという感覚を感じる。自分を快く受け入れられていないと感じる。
・認められたい、褒められたいという欲求が強い
・空腹でないのに食べたり（満腹でも食べ続けたり）、疲れていることに気づかなったり（怠惰に

なりがち）、身体の欲求がわからない
・見捨てられることをとても恐れている。そうならないために努力する。
・パートナーから別れを告げられたときに命を絶つことを考えたことがある
・感覚過敏（鈍麻）

1歳〜3歳
・自分の望んでいることがわからない
・他人の怒り、自分の怒りを恐れている。怒りに対する恥の意識が大きい
・わがままな人を馬鹿にする気持ちや怒りがこみ上げる
・環境が変わること、新しくチャレンジすることに過度な恐怖を感じる
・自分には望みを叶える力がないと思う
・人の気持ちに敏感だが自分の気持ちがわからない
・感覚過敏（鈍麻）

3歳〜6歳
・機嫌の悪い人がいると気分を変えさせるために努力する
・現実離れした空想に浸ることが多い

・自分の性（または異性）に対する嫌悪感または強調しすぎ
・セックスへの固執、または罪悪感
・質問することが苦手。よく理解せずに「はい」とわかったふりをしてしまう
・人の感情をコントロールする癖がある
・両親の幸せを自分の責任だと思う

6歳～13歳

・人と比べる（優劣をつける）癖がある
・何かをやり遂げることが難しい
・他者の評価によっての気分の浮き沈みが激しい。囚われてしまう。
・社会生活やグループの中にいることが苦手である。1人のほうが楽だと感じている
・人より優れていると思うことで自分を評価できる
・失敗することが恐い

これらの診断は、チェックの数が多いか少ないかを判断するものではありません。たとえ1つであっても、助けを求めているインナーチャイルドは存在し、毎日あなたにノックしているのです。身体の成長と同じように心や思考についても成長を経験していきます。心理発達段階における課題

は、思春期に統合される、自我形成＝唯一無二のあなたを生きるためにどれも重要なものです。「助けを求めている小さな自分がいるのかも」と気づくことから、癒しの扉が開いていきます。

7．小さなあなたからの手紙

大人のあなたへ

ここに、手紙があります。小さなあなたからの手紙かもしれません。読みながら、あなたの内側からくる感覚を感じとってみて欲しいのです。

では、ご自身のために3回呼吸を導いてから、ゆっくり、ゆっくり、ハートで読んでみてください。無意識の扉を開くために、行間でひと呼吸してから次に進むようにするとよいでしょう。身体は緩めて、リラックスさせます。

大人のあなたへ

ここはとても暗くて恐いところです

息をするのも難しいです

とっても寒いの

わたしの身体　汚れているの

髪もボサボサなの

服もボロボロなの

お腹も空いているの

ねえ　こんな　わたしのこと　きらい?

ずっと1人ぼっちなんだ

でも、さみしいっていったら

あなたはきっと冷たい顔をする

あなたの視線が恐い

だって　本当のことを言ったら、
わたしはあなたに嫌われる

だから、あなたが望めば
作り笑いすることだってできるよ

あなたが望めば
もっともっと頑張るよ

あなたが望めば
たくさんの嘘をつくことだってできる

わたしが死ぬほど恐れていること

それはね。本当のわたしがバレてしまって

あなたに見捨てられること

でも　あなたはこの本を見つけてくれました

わたしに会いに来てくれたのかな？

ほんの少しの希望をもってもいいのかな？

ずっとね。お星さまにお願いしていたよ

どうかあなたがわたしの痛みに気づいてくれますように

どうかあなたが
わたしを許してくれますように

どうかあなたが
本当のわたしを受け入れてくれますように

そうして微笑みかけてくれますように
やさしく抱きしめてくれますように
だからどうぞ　わたしの本当の声を聞いてください
どうぞ　わたしの本当の気持ちを知ってください
わたしがイヤッて怒っても
悲しいよって泣いても
恐くて動けなくなっても
あるがままのわたしを愛してください
作り笑いのわたしじゃなく

本当のわたしを見つけてほしい

大人のあなたに愛されることをずっと待っている　チャイルドより

誰にでも、受け入れたくない部分、置き去りにして、蓋をしている感情があるものです。でも、1人ひとりがゴミのように捨て去った感情は、いくら見た目が華やかに見えても、幸せそうにしていても、社会的地位や功績、裕福であるかないかなどに全く関係なく、なくなることはないのです。

あなたは光の当たっていない自分の一部分を1つひとつ愛していきたいですか？　その答えがイエスであることを願っています。

第2章

なぜインナーチャイルドを癒すと幸せになれるのか「理由」

1．わたしたちはみな喜びや才能あふれる子供の型をもっている!?

真の自己とは

ここで、「真の自己」について考えてみたいと思います。心理学者C・G・ユングは、内なる子供についてこう語っています。それは純粋さと傷つきやすさの両者を持ち合わせていると。つまり、内なる子供の型は、純粋ゆえに傷つきやすくもあるのです。神聖で純粋なチャイルドは、自分らしいアイデンティティの形成と自己実現を可能にします。しかし、傷ついたインナーチャイルドは、純粋な自己を窒息死させてしまい、「自分が何者なのか」わかるすべを持っていません。

わたしたちはインナーチャイルドを癒すたびに、この純粋な子供との統合がはじまり、やがて真の自己として全体性を生きる可能性を歩んでいけるのです。インナーチャイルドの癒しによるギフトは、なによりあなたの人生を豊かにしてくれるでしょう。

では、純粋な子供にはどんな特徴があるのかを見ていきましょう。

愛にあふれている

純粋な子供は人類みな兄弟（姉妹）という感覚を知っています。自分も大好き。人も大好き。1人でいることも、誰かといることも楽しめますし、あらゆる人やモノを愛することができ、愛されることも許します。

ホールネス（全体性）、ワンネスという意識状態です。

自己肯定感の高さ

わたしというのは世界に1人。誰かの代わりではないし他の誰とも比べられない。ということを信じて疑いません。どんな自分にもOKを出し、励ますことができる、健全なナルシシズムを備えています。

純粋な子供は自分らしくいることができるので、ただの自分でいるだけで特別な存在なのだという感覚を持っています。それは、他者に対しても、その人のあるがままを受け入れられることでもあります。

感受性の豊かさ

インナーチャイルドが本当の気持ちを感じたとき、恥の意識から、湾曲した表現をせざるを得なかったのに対して、純粋な子供は自分らしい本当の感情をあるがまま感じることができます。それは喜び、悲しみ、怒り、恐怖、楽しさ、至福、あらゆる感情においてです。

しかし、わたしたち大人が子供のように喜怒哀楽をそのまま表現するということとは違います。

「自分の感情を感じることができる」それは真の自己の発見です。自分が誰であるのか、何のために生まれて来たのかという探求は自分らしい使命を生きる基盤になっていきます。

大いなるものへの畏敬の念

自分以上の神的な存在を信じる力を持っています。神様や天使、人間の能力を超越したようなヒーロー、ヒロイン、魔法使いに憧れた記憶があるかもしれませんね。それはわたしたちの人生に希望を持つこと、感謝の心、自他への尊重、信じる力を強化してくれるでしょう。ですから、大人のわたしたちはチャイルドのヒーロとして存在したいのです。困ったときに助け、寄り添い、愛を与える存在として…

崇高な知性

純粋な子供は、わたしたちが顕在意識では認知できない、無意識のあらゆる記憶とアクセスできる知性を持った存在です。ですから、今世だけではなく、過去性など多次元において集合無意識の膨大な記憶の倉庫から、今癒しが必要なことがらを完璧なタイミングで知らせてくれます。

母であるわたしたちにできることは、原因探しではなく、信頼と実践なのです。

チャレンジ意欲旺盛

自分や他者を信頼していますから、周りの世界に興味を持つことができます。自分の本当の欲求、好きなことを知っているので、「やりたい」という意欲に満ちています。それを持続する意思のパワーも兼ねそろえています。失敗という観念は薄く、あるとしたら、次はどうやり方を変えれば望みが叶えられるのか？　という粘り強さです。

ここにヨチヨチ歩きの小さな子供がいるとしましょう。大人たちはダイニングを囲んで椅子に座っています。「自分も椅子に座りたい！」チャレンジします。でも、椅子に上るまでにバタンと落ちてしまいます。「ギャー」と泣いて、あきらめたのかと思ったらすぐにまたよじ登ろうとします。そしてまた転げ落ちて…何度も何度もチャレンジします。椅子に登りたい！　その目的を達成するまであきらめない。

実はこれはわたしたちの社会的な成功や目的を達成する、自己実現の基盤でもあります。

楽観性、自由な遊び心、創造性

これらも純粋なチャイルドの特徴です。子供にとっては何でも遊び道具になりますし、毎日は驚きと発見に満ち溢れています。また、小さな頃、たとえ泣きながら寝たとしても、翌朝にはワクワクしたエネルギーに満ちていた経験が、あなたにもあるのではないでしょうか？

以上、わたしたちが愛を注ぐことによって再生する純粋な子供の生き生きさをイメージしていただくことができたでしょうか？　もし、あなたがインナーチャイルドを愛し、純粋な子供を再生することができたら、日常は驚きと発見の連続になるかもしれません。あたりまえのように見えていた日常の中に、彩と、自由さと楽しさをもたらしてくれるでしょう。それだけではありません。本当の自分の好きなことをやって生きたい。自己実現したい。わたしは、そんな人にこそ、内なるインナーチャイルドを癒し、純粋な子供を再生することの恩恵を体験していただきたいのです。

2. 受胎期からはじまる親の内化

泣き叫ぶ子供を抱えた親たち

両親もまた、長い時間をかけて、本当の自己というものが空っぽのまま親になってしまったのです。満たされることのない、泣き叫ぶ3歳児をお腹に抱えながら、親として子供を育てることはそれは大変です。日常でその3歳児と接触するたびに、インナーチャイルドそのものになって感情が爆発してしまうのですから。両親が本当の自分を感じることに許可を出していないのに、子供がそれを学ぶことはできないのです。そうして、子供も本当の自分を感じることをＮＯとされ、抑圧され、お母さんの、お父さんの無意識レベルの期待に応えようとします。それは生物学的に「生きる」ために選択していくことなのです。

全体性から親を内化するまで

わたしたちがお母さんのお腹に宿ったとき、純粋で全体性を備え、あらゆる可能性に満ち溢れていました。純粋なチャイルドは感受性が豊かです。お腹の中でもお母さんの心の反応を敏感に感じ取っています。お母さんの声、お父さんの声、周りの声を聞き、それがどんな質のものかを感じ取っています。

「自分が望まれているかそうでないか」
「自分の性別を受け入れられているか」

さらに、自分に対して抱いている潜在的な期待をも受け取っています。例えば、いい子であること、我慢強いこと、優秀であること、迷惑をかけないこと、助けなければならないこと、などがあります。このように、全体性をもった存在である赤ん坊は、お腹にいるときから、周囲を感じ、特に、母親から自分の存在に肯定的な注目を与えられているかを感じとっています。これは「存在価値」についてその後に影響を与えるものです。全体性をもった状態から、条件付けされた愛を学びはじめるのは、受胎時からなのです。

3. 多くの人が愛情不足？　依存的な習慣に走る本当の理由

生存維持の欲求を叶えてもらうことの必要性

過食や拒食、飲酒、喫煙、買い物、ギャンブル、仕事、ネットサーフィン、特定の人への執着…もし、あなたに依存的な習慣が1つでもあるとすれば、そこから本当のあなた＝インナーチャイルドに接触し、愛と癒しを与えることができます。

なぜなら、依存的な習慣の根は、幼児性の欲求が叶えられていないことが原因だからです。例えば、生まれたばかりの赤ちゃんが泣くのは、「生きるための欲求」です。すべてを依存しなければ生きていくことができませんから、お腹が空いたときに泣けるのです。皮膚に不快を感じたとき、恐いと感じたときにも泣けるのです。お母さんとつながっていないと感じたときに泣けるのです。

赤ん坊にとって、自分の命を10か月もの間育くんでくれるお母さんは、神様のような存在であり、この世界を信頼できるのも、「お母さんがわたしのそばに居てくれる」という安心感を経験することで、得られるものです。ですから、この時期に必要な心理的発達課題は、「こうして欲しい」と求めたときに無条件でそれを叶えてもらうことです。怒ったり、泣いたり、笑ったり、あるがままの自分を表現しても、罰を与えられたりしないという体験です。

自分の本当の欲求を押し込める過程

無意識とのコミュニケーションにより、わたしたちが忘れていても感覚として体験することが可能です。こんな例があります。生後1年ぐらいの自分が、仕事に出かけるお母さんと離れるのが恐くて、「抱っこ、抱っこ～」と小さな腕を思いっきり伸ばして泣いたそうです。しかし、与えられるのはミルクで、「そうじゃない！」「抱っこなの！」と一生懸命泣き続けるも、結局は抱っこしてもらえず、お母さんが出て行ってしまうという体験。このような体験は「自分の欲求はNOなんだ」ということを決定づける体験になります。どこかの時点で諦めることを学び、適応した自分を強化しなければいけないのです。このときのインナーチャイルドが癒されたことによって、わたしは自分の欲求を持っていいんだ！　という感覚が開いていったそうです。

わたしは特別な存在なんだという心理的獲得が脳の成長を促す

とくに乳児期は皮膚への接触が重要で、抱っこしてもらうことで幸せホルモンが分泌されますから、ここが十分満たされることで、脳の発達にもよい影響を及ぼします。また、赤ん坊が生きるために飲むおっぱいは、口から与えられますから、お腹が満たされるよりも先に、口が満たされることで愛を確認するのです。それだけではありません。肌には大切に抱っこされている感覚、自分を守り育ててくれる存在の匂い、瞳には自分だけを見てくれているやさしいまなざし…これらすべての情報から、赤ん坊が「自分は特別に愛される存在なんだ」という心理的なストロークを与えられることで、生存維持の脳が満たされます。そして、十分にこの世が安心であることを体験できたら、自分らしい感情を体験し、思考するという脳の成長過程に入っていきます。

嫌だ！　を十分体験できたかどうか

3歳までの、探索期、分離期と言われる成長過程では、周りの世界に興味を持ち、なんでも手に取ったり、口に入れようとする段階です。

ここでは、感覚的に触ったり、見たり、味わったりすることで、脳の成長を促していきます。それが、「自分を試してみたい！」「わたしになりたい！」という衝動へと発展し、「わたしのやりたいようにやりたい」「お母さんとわたしは違う」「いやだ」という感情を芽生えさせるのです。ですから、両親の役割は、安全を配慮しながら、子供が持つ欲求や意思を尊重するということ。「いやだ！」と子供が親に怒って自己主張したとしても、反応せず、じっくり話を聞くことができることです。

自分らしくあっても両親は傍にいてくれるという絆が他者との境界線の土台

しかし、親のインナーチャイルドが反応すると、このような体験はできません。子供と同じようにヒステリックになったり、怒鳴ったりして押し込めてしまうからです。そうすると、「分離して絆を結ぶ」というこの時期の心理発達段階において必要な体験ができず、自分であることよりも、お母（父）さん、養育者の感情や欲求に応えることが最優先されます。ですから、本当の自己という感覚が育ちにくく、人との間に境界線を引くことが難しくなります。自分以外の人に過度に依存してしまったり、必要以上に距離を置いてしまう、自分がわからないなどという感覚は、この時期の分離が十分に体験できていないことによるものが大きいのです。

掴む、放すの身体的発達がベース

傷ついたインナーチャイルドは、感情面においての掴む、放すのバランスがとれていません。子供の身体機能の発達において、初めの運動が掴む・放すです。赤ちゃんの手に指をのせてみてください。その小さな愛らしい手で、ギュッと掴んでくるでしょう。

おっぱいを飲むときにはお母さんのお乳を掴み、哺乳瓶を掴んで飲み、いらなくなったら放す…ということを学んでいきました。このバランスが発達し、おしっこを我慢する、出す、歩く、走る、など複雑な運動ができるようになるのですが、それには、トイレトレーニングを重ねたり、転んだり、失敗しながら習得していきます。

感情においても思い切り放して、掴むことを学ぶ

感情においても、これと同じように学んでいくことが必要なのです。２歳の子供を見てください。声がかれるほど泣き叫び、全身で嫌だと表現している姿。まだ感情の表現のバランスを学んでいな

いので、とにかくやりすぎるのです。

でもここで、やりすぎることによって、バランス感覚を学んでいけるのですが、インナーチャイルドを抱える親にとって、このバランス感覚を体験させることは難しいです。何より、自分のインナーチャイルドが反応するからです。傷つきを抱えたインナーチャイルドは「我慢しすぎること」＝掴み過ぎることを学んでいます。つまり、両親も、「我慢するべき」「いい子でいなければならない」「わがままを言ってはいけない」と必死に守ってきたのですから、子供のあるがままを体験させるよりは、過剰に抑えるか、放任するかになってしまうのです。

コントロール不能による障害

バランス感覚を学べないまま大人になり、我慢しすぎる＝掴み過ぎるが限界にきて、ひとたび放してしまうと、コントロールがきかなくなります。愛情の飢餓を抱えている内なる子供は、与えられても与えられても満足することはありません。ですから、大人になって、食べ過ぎる（食べなさすぎる）、買い過ぎる（節約しすぎる）、飲み過ぎる、愛情を確認しすぎる（与えすぎる）、頑張りすぎる（怠惰になりすぎる）、仕事しすぎる（全くしない）、承認を求めずにはいられない（ご機嫌取りになる）など、なんとか満たされようと奔走するのです。以上、依存的な習慣の根というのは、本当は必要な愛がＮＯとされ、自分らしい欲求や感情がＮＯとされた体験からくる代替行為であることがわかります。

4．子育てに悩む親御さんにこそ必要なインナーチャイルドの癒し

大人が自分という感覚を取り戻す重要性

不登校、不登園、発達障害、ＨＳＰ、いじめ、反抗期、引きこもり、摂食障害、リストカット…子育てで悩みを抱えていらっしゃる方は、ぜひ、ご自身のインナーチャイルドに愛と癒しを与えてみてください。

自分を責めるのではなく、内側で泣き叫ぶ子供に注目することからはじめましょう。精神科医のＭ・スコット・ペックは、ロングセラーとなった『愛と心理療法』で〝愛とは分離である〟と述べています。純粋な愛とは、たとえ子供であっても、自分とは完全に分離したアイデンティティを持つことを認め、個性を尊重し、才能を伸ばすことを助けるものだと。

子供に、自分らしい幸せな人生を生きて欲しいと願うからこそ、まずは親である私たちから「自分らしさ」という感覚を取り戻さなければなりません。

長年引きこもりのお子様がバイトに

お子様の発達障害や引きこもりに悩んでこられたＹさん。Ｙさんははじめ、感情というものが感じられませんでした。乳児期からのインナーチャイルド癒しと再生プログラムの中で、固まった心

が少しずつ解けていき、癒しの涙に触れました。小さなYちゃんが癒されるたびに様々な感情を感じられるようになり、Yさんと同じようにお子様も蓄積していた感情を解放していかれたそうです。癒しの過程の中ではお子様の状態も過酷なときがあったそうですが、それでもYさんは自分を信じ、インナーチャイルド癒しのプログラムをやり遂げられました。そしてなんと、長い間引きこもり生活を送っていたお子様が、バイトに出かけるという奇跡が起きたのです。

どうしようもないイライラから解放

子育てを通じて、わたしたちは抑圧されたインナーチャイルドに、何度も接触します。よい子を頑張ってきたNさんですが、子育ての中で湧いてくる怒りをどうしようもできず、爆発したあとに自分を責め、お母さんを辞めたいと何度も思われていました。

インナーチャイルド癒しプログラムが進む中で、お母さんの期待に応えようと頑張っていたチャイルドを心から理解し、ネガティブな気持ちを感じることを許し、表現する練習を重ねていきました。子育てがとても楽になったそうです。

抱っこするときの違和感がなくなった

Kさんは、お母さんからやさしい注目を与えられる経験がありませんでした。それでも、、どこまでも救済をしてきたチャイルドでした。親になって育児本を読み、「抱っこはしてあげるもの」

と頭で理解していても、いざ子供が抱っこと甘えてくると、身体が硬直してしまい、違和感を抱え辛い思いをされていたそうです。インナーチャイルド癒しプログラムが進む中で、今まで子供に感じたことのなかった愛おしい気持ちがあふれてきたそうです。それだけでなく、もっと抱っこしてあげたいと思うようになったとおっしゃっていました。

お母さんが、満たされていないインナーチャイルドに愛と癒し与えることで、何より自分自身が満たされていきます。いつものようにイライラしても、対処できるようになります。そうすると、子供はお母さんの隠された痛みを表現しなくてもいいので、自分を生きることができるのです。

子供を何とかしなければ。親としての思いは、子供をさらに苦しめる毒にもなりかねません。お子様はすでに完璧な命です。親であるわたしたちにできることは、自分が無意識レベルで記憶している痛みに愛を向け、癒しを与えることなのです。自分に愛を与えられないのに、どうやって大切な人に愛を与えられるのでしょうか。インナーチャイルドの癒しとは、知識を詰め込むものではなく、日々の実践なのです。お子様を変える必要はありません。

♡ハートで受け取りましょう

幸せはあなたの内側からはじまります。

5. パートナーシップが上手くいかない仕組み

依存関係を生み出す要因

パートナーシップも根強いテーマです。インナーチャイルドは本当の自己の感覚をもっていません。それはまるで穴の空いたドーナツのようです。この穴を埋めるためには、役割に固執して、他者から、あるいは何かで埋めるしかすべを知らないのです。そして惹かれる相手もまた、穴の空いた自己を持っています。お互いに境界線が曖昧で、自己を埋め合うために深く結びつきます。

役割から抜けあるがままの自分に価値があると体験すること

例えば、子供時代にお母（父）さんの精神的なお世話をしてきた人は、引き続きお世話をさせてくれる相手を選ぶことで価値を感じることができるのです。インナーチャイルドが癒され、あるがままの自分に価値があるという体験を重ねることで、囚われていた役割から自由になることができます。

それは、本当の自己が育つことであり、自分らしくいられることは、相手のあるがままを許すことも可能にするのです。そして健全な境界線は、〝お互いの違いを尊重し合う〟という自立した大人同士の関係を構築し、深いレベルでのパートナーシップを築くことを実現します。

夫がアルコール依存から抜け出した

Ｓさんのご主人は施設にもお世話になったことがあるほど、アルコールに依存されていました。別れて自立するんだという思いでインナーチャイルド癒しのプログラムに参加されました。

しかしＳさんの癒しが進む中で、なんとご主人にも変化が起きたのです。何も言わないのに家事を手伝ってくれるようになったり、ついにはアルコール依存を職場の方にカミングアウトされ、誘いを断るようにもなられました。

夫婦関係も破綻しそうなぐらいから笑顔が

Ｍさんはそれまで外泊したことのなかった方ですが、インナーチャイルド癒しプログラムに参加するために、３人のお子様をご主人に託されました。

はじめは機嫌の悪かったご主人が、回を重ねるたびに、快く送り出してくれるようになったそうです。

さらに、それまで破綻しそうだった夫婦関係が修復されていったのです。

ここで誤解のないようにお伝えしたいことは、インナーチャイルドの癒しとは、相手が変わることを望むものではないということです。

わたしたちにできる唯一の方法は、期待を手放し、自分を愛する、という実践の他ありません。

この実践による奇跡を体験するのは、次はあなたかもしれませんね。

6．人目が気になる、比べてしまうあなたへ

劣等感と恥の意識を抱えているインナーチャイルド

インナーチャイルドの傷つきを抱えている人の特徴的な例の1つとして「人目が気になる」というケースです。「自分のことをなんと思われているのか」「間違ったことをしていないか」という思考が強く、批判されること、傷つけられることをとても恐れている状態です。意識がいつも外側に向いていて緊張しているので、家に帰るとひどく疲れてしまうのではないでしょうか。

人の機嫌を察することに長けていて、最悪のことが起きないよう配慮するのですが、空回りすることも多く、あるがままの自分には価値がない、認めてもらえない、という感覚が内在しています。こういったケースの場合、インナーチャイルドは劣等感や恥の意識を抱えています。失敗したり、間違ったりすると、わたしはダメだ。という感覚を強化し、成功すると本当の自分には価値がないという感覚を覆い隠せます。

これは、自分の価値を、他者の機嫌によって計ることや、点数や優劣をつけ評価するという方法以外、わからないからなのです。他者から評価されることに一喜一憂しますから、まるでジェットコースターに乗っているようです。

普通に座っていられてビックリ！

Ａさんは電車の座席に座っているとき、身体を丸め、うつむいて座る癖があったそうです。どうしても、「人からどう見られているか」が気になって、緊張してしまうと。インナーチャイルドの癒しによって、「意識しなくても、緊張感なく普通に座っている自分に気づいてビックリしました！」とおっしゃっていました。その他、１人で外食に行ったときの緊張感が緩和した方もいました。これらは、自分の存在をＮＯとするチャイルドを癒し、肯定的に感じられることでおきる変化の例です。

上司の機嫌にビクビクしなくなった

Ｃさんは幼い頃、父親に厳しくしつけられ、叩かれることもあった方です。大人になって、職場の上司である男性が怒鳴る度に、たとえ自分に対してではなくても、「わたしのせいかも」と思うクセから抜けられず、いつもビクビクしておられました。必要以上に緊張し、疲れ切ってしまう毎日だったそうです。インナーチャイルドの癒しが進み、「たとえ上司が怒っていても、ビクビクせずに対応できるようになりました」「楽に過ごせるようになりました」。と話されていました。

♡ハートで受け取りましょう

あなたは、ただのあなたでいるだけで、価値がある存在です。
そのままで愛され、受け入れられています。

インナーチャイルドの癒しによりこの感覚が身につけば、人と比べて自分を評価するという束縛から解放されていくでしょう。それはとても自然で自由な状態です。

7. あなたに託された使命とは

あなたにとっての幸せについて

誰しもが幸せになりたいと望まれているのではないでしょうか。では、あなたにとって幸せとはどんな状態でしょう？　物質的なもの、精神的なもの、達成したいこと、それぞれあるでしょう。一度、それらすべてを書き出すことをおすすめします。

わたしにとっての幸せとは、自分におきるあらゆる感情や思考に気づき、愛と癒しを実践し続けることです。無意識の記憶をクリーニングし続けることです。平和で自由な状態であることです。子供を通じて感じる反応、主人を通じて感じる反応、それらに気づき、愛し、手放していくことです。家族や友人と共に過ごす時間、何でもない会話です。祈りとヨガ、ダンス、大いなる自己や宇宙、自然の美しさを堪能する時間です。ベストなタイミングで必要な機会やご縁がもたらされることです。精神的にも物質面でも豊かであることです。インナーチャイルドの癒しのプロセスをサポートすることです。あらためて、あなたにとっての幸せとはどんな状態でしょうか？　インナーチャイルドの癒しは、あなたが本当に望んでいることを見つける助けになるでしょう。

傷つきを認め幸せへと前進する

日常で感じている違和感、自分は無価値だと感じること…これらは真の自己ではなく、長い間真の自己を抑圧してきたことでの障害として現れています。そして、真の自己の抑圧はあなたからはじまったものではありません。あなたの両親もまた、親になる前には本当の自分がわからない状態だったと考えて欲しいのです。

あなたのお母さんの中に、傷つきを抱えた５歳のインナーチャイルドを見てみましょう。

あなたのお父さんの中に、傷つきを抱えた５歳のインナーチャイルドを見てみましょう。

そうして、あなたの中にも、傷つきを抱えた５歳のインナーチャイルドが存在することを認めてあげるのです。傷つきを認めることは、親を悪く言うことでも責めることでもありません。ただ、わたしたちが本当の自己を取り戻すには、自分にとっての真実を知る必要があります。

あなたの両親もまた、傷ついたインナーチャイルドだったかもしれないと考えてみてください。

あなたを通じてもたらされる平和

あなたという存在の中に、流れる血液に、細胞に、両親が存在し、祖父母が存在し、先祖が存在し、やがてたどり着くのは人類はじめの男と女。わたしたちの無意識には、このような進化の過程が書き込まれています。ですから、あなたが自分のインナーチャイルドをケアするとき、両親のインナーチャイルドも抱きしめているのです。あなたの先祖も抱きしめています。そして、人類をも抱きしめているのです。すべての人が自分のインナーチャイルドに意識を向け、ケアするとき、何が起きると思いますか？　そこには争いなどない平和に満ちた世界があります。

奇跡は小さな貴方を愛することから

あなたがインナーチャイルドを愛することから、世界は変わりはじめるのです。とはいっても、わたしたちが生きている間には、平和に満ちた世界を垣間見ることはできないかもしれませんね。しかし、あなたに灯った内なる光は、確実に、そして静かに波紋を広げていくでしょう。今はピンとこないかもしれません。でも、あなたにはその一端を担うだけの力があるのです。ですからどうぞ胸に刻んでくださいね。あなたがやりはじめなければ、奇跡は起こらないということを。

♡ハートから唱えましょう

愛しています。わたしのインナーチャイルド。
今からわたしはあなたのケアをします。

第3章　まずは大人のあなたのハートを満たす準備「習慣STEP1」

1．ちょっと待って！　今すぐインナーチャイルドを癒してはならない

大人としての愛を開きましょう

「インナーチャイルド、深いです…」生徒さんが口をそろえておっしゃる言葉です。きっと、読者の方も、知れば知るほど、つながりを深めれば深めるほど、インナーチャイルドが自分の幸せに欠かせない存在だと気づかれる日がくるでしょう。

インナーチャイルドの癒しにおいてなくてはならない存在。それはあなたのお母さんではありません。あなたのお父さんでもありません。恋人でも、親友でも、ないのです。それは、大人のあなたの存在です。

そして、大人のあなたの姿勢次第では、インナーチャイルドにさらなる傷つきを与えてしまいかねないことを、心の隅においてください。決して脅かそうとしているわけではありません。本当の自分を押し込め、怯えているチャイルドをこれ以上傷つけてほしくないのです。

ですから、はじめにわたしがお伝えしたいことは、「大人としての愛を開いてください」ということです。

例えば、今、あなたがいるその部屋に（その場所に）３歳の小さな子供が泣きながら駆け込んできたとします。「うぇ〜〜〜ん」と泣きながら、肩を小刻みに震わせ、あなたの足元に必死ですがりついています。さてここで、あなたなら、その３歳の子供に何と声をかけますか？

・・・・・・

今までセッションに来られたほとんどの皆さんは「どうしたの？」とか「何があったの？」と言うとおっしゃいました。決して、知らんふりする、とか、「泣かなくていいよ」という人はいませんでした。こういった声を当たり前のようにかけられるのが、わたしたちが本来もっている優しさなのです。

さて、「そんなの普通じゃないですか」という声が聞こえてきそうなのですが、いやいやそうでもないのです。

胸に手をあててみてください。わたしたちは自分に対してどう対応しているでしょうか？　ＳＯＳの声が聞こえたとき、「どうしたの？」と言えているでしょうか…たしかに存在する、助けを求めているチャイルドに、

「泣くなんてはずかしいからやめなさい」と抑圧したり…

「大丈夫！　笑ってごらん」と否定したり…

「やっつければいいんだよ！」と戦ったり…

「ほら、美味しいもの食べよう」とごまかしたり…

あるいは、まるで泣いている子供が存在しないかのように無視したり…

わたしたちが自分に対して普段無意識でしていることは、実はこんなことだったりするのです。

本来持っているやさしさや思いやり、それを自分に向けることを意識しましょう。


傷ついたチャイルドはあなたの愛を必要としています

これからインナーチャイルドの癒しワークを進めるにあたって、決めていただきたいことは、まず、大人であるあなたが、決してチャイルドを否定したり、無視したり、責めたりしないということです。

長い間、1人ぼっちで傷つきを抱えてきたチャイルドに必要とされるのは、決して攻撃ではないのです。


それはおとなのあなたの愛と許しです。

2．今、ここ。大人の中心意識を構築する呼吸レッスン

マインドフルな状態をこころがけましょう

ある生徒さんが「インナーチャイルドの癒しって、大人の自分の愛を育てていくことでもあるん

ですね」とおっしゃったのですが、その通りです。傷ついたチャイルドを愛するために、自分をジャッジしない、否定しない、という大人の中心意識も同時に育てていくことができるからです。

中心とは、平和で穏やかな状態。０の状態。マインドフルな状態。さらに探求していくと仏教でいう涅槃であり、すべての感情や思考、あらゆる感覚器官から解放された、悟りの境地といえます。

もちろん、悟りを目指そうと言っているのではありません。インナーチャイルドを癒すにあたっては、もっとも理解と忍耐力のある大人の自分として存在するために、中心意識を構築していくことが重要です。では、無意識がコントロールしている呼吸を意識するところからはじめましょう。

呼吸レッスンスタート

ご自身のために３回呼吸をくりかえしましょう。やさしく目を閉じて、今の呼吸のリズムを感じます。吸うときにどこが膨らんで、吐くときにどこが凹むでしょうか？　また、今の呼吸は浅いと感じますか？　深いと感じますか？　それともその間でしょうか？

まずは、呼吸をコントロールせず、今のあなたに気づいていきます。浅くても、深くても、短くても、長くても、いいのです。今のあなた。そこに微笑みを送ってみてください。

呼吸をさらに深める

呼吸に意識しはじめると、だんだんとゆったりしたリズムになってくると思います。今度は吐く息で、できる限りお腹を凹ませて、その後自然に膨らんで入ってくる空気をたっぷり満たしていきましょう。身体の他の部分はリラックスさせましょうね。

吐く息が大切です。はじめは口から「ハァーーー」と吐いて、そのあとに鼻呼吸にしてもよいです。吸う息ではあなたの周りにある新鮮で美しい空気を意識して取り入れてみましょう。

インド哲学ではプラーナ、中国医学では気、などと言われる、わたしたちの生命エネルギーである光の粒子を取り入れるイメージによって、平和で穏やかな感覚が高まっていくのを感じます。身体の各器官にこびりついている毒素や、ネガティブな感覚、緊張感が、この呼吸によって変化していくのを体験しましょう。

3．母なる地球からの愛を受けとる

グラウンディングの重要性

大人の中心意識を育てるうえで、はじめにみなさんにお伝えしていることは「グラウンディング」です。インナーチャイルドは、過去に起きたことを回避するために奔走していますから、今、ここに存在することが難しいのです。

それは、わたしたちが肉体を持って生きるために滋養をもたらしてくれている地球とのつながりを隔ててしまいます。そうすると、わたしたちの健康な状態も崩れていくのです。

特に現代では、携帯電話などの通信機器や電化製品など、あらゆるところに電磁波が飛び交っています。それをわたしたちの身体やエネルギーはダイレクトに受け取っています。グラウンディングできていれば、大地へと流れていきますが、地に足がついていない状態だとそれが身体に蓄積され、多大なストレスを抱えて生きることになります。

脳のイメージを使う

アーシングをご存じでしょうか？　裸足になって、大地に直接触れることで電磁波を流し、心身のバランスを整えていく方法です。公園や芝生、河原や海辺などで裸足になったり寝転んだりすることは心身の健康に効果がありますが、ここでは脳のイメージを使ったグラウンディング方法をお伝えしますね。

わたしたちの脳は、イメージしたことと現実を区別することができない、という特性をもっていますので、日常の中にぜひ取り入れてみてください。

母なる大地につながる

立っても、座ってもできます。いずれの場合も、足をしっかりと床につけ、体重の重みを感じましょう。座っている人は、両座骨に体重を乗せます。身体はリラックスしますが、背骨はピンと伸ばすイメージです。

頭頂は見えない糸でひっぱって、下半身は大地へとあずけます。自分が木になったように、両足の裏から根をのばし、大地に向かって降ろしていきましょう。地球をその根でがっしりととらえてください。呼吸をとめずに、そこへ余分な電磁波や、古くこびりついた感情、身体の疲れなどが流れていくのを感じます。地球に感謝の気持ちも忘れずに送りましょう。

♡ハートから唱えましょう

ありがとう。母なる地球。宇宙的なお母さん。

あなたが伸ばした根を通じて、地球からやってくる愛を、呼吸と共に受け取ります。母なる地球のもたらしてくれている恩恵を受け取りましょう。ただゆだねることです。このつながりをしばらく楽しんでください。

4. 父なる宇宙からの愛を受けとる

父なる宇宙につながる

木々が成長するには光が必要です。わたしたちにも十分な光が必要なのです。しっかりと大地に根を張ったら、次にあなたの頭頂から光を受け取る管を伸ばしていきましょう。上へ上へと伸ばして、父なる宇宙の光の源へと意識を向けます。魂のふるさと。圧倒的な光。光がイメージしにくい場合は、輝く太陽や、ブッダや観音様、日本の神々、キリストに描かれている後光をイメージしてもいいですね。あなたが思い浮かぶ光をできるだけ鮮明にイメージしましょう。

次に、頭頂から伸ばした管に、光を降ろします。と同時に、宇宙の無条件の愛も受け取りましょう。あなたの好きな神々や天使をイメージしてもよいです。自分よりも偉大な存在から、ポジティブな愛と光のエネルギーを降ろします。その光を頭頂まで降ろしたら、頭頂をパカッと開いて、頭のてっぺんから取り込んでください。光で脳を満たし、頭、首、肩、腕、胸、お腹、足へと降ろしていきます。全身が光で満たされているのを感じましょう。ゆったりと呼吸をくりかえしながら、全細胞に浸透させていきます。あなたも、宇宙へ愛と感謝を送ります。

♡ハートから唱えましょう！

ありがとう。父なる宇宙。偉大なるお父さん。

このつながりをたっぷり味わい、感謝とともに、さらに与えられる愛を受け取りましょう。潜在意識はイメージの領域ですから「受け取る」と意図するだけで十分です。わたしたちの身体はイメージしたことに素直に反応するという特性を持っています。なので、あなたが好きなだけ受け取ることができます。顔には微笑みを浮かべることも忘れずにいてください。

5. あなたのハートチャクラを開きましょう

ハートに存在の光を感じる

母なる地球、父なる宇宙から、好きなだけポジティブな感覚を受け取ったら、呼吸によって深めていきましょう。あなたの身体の中心にその両方の光を流すたびに、ストローに詰まった汚れや垢がきれいになっていくようなイメージです。

そこから、あなたのハートチャクラが存在する心臓に意識を向けましょう。心臓に微笑みを送ります。そうすると心臓も微笑みを返してくれます。慣れないうちは、実際に手を当てて、心臓の鼓動を感じてみると感覚を高めることができます。１つひとつの呼吸にも愛を送りましょう。神様が初めてこの世を生み出したときのような呼吸です。ハートの中に静かな暗闇を感じてください。そこにスイッチがあると想像して、スイッチを押します。小さいけれど強く輝く光です。ひとたびその中に入ると、その光はだんだんとあなたのハート空間を満たしていきます。

ただ、存在するパワーを感じましょう。呼吸と共に、その感覚を十分に味わいます。ハートからその光を身体の隅々まで送り届けます。細胞１つひとつが水面に反射する光の粒子のように、キラキラと全身を巡っています。内側からオーラにも放たれているのを感じましょう。

あなたがそうしたいのであれば、あらゆる人に、場所にその光を届けることができます。あなたがその愛と光を放つだけでなく、あなたにもやってくる愛と光を受け取りましょう。そして、今一度ハートの中心に意識を向けてください。

大切なあなたを満たす

今度は愛と光で満たされたハートに今のあなたを招き入れましょう。そこには今のあなたの本当の姿が映っています。どんな様子でしょうか？

疲れた表情だな。寂しそうだな。なんだか怒ってるな。身体が強張っているな。それがどんな姿であっても、今感じているハートの光の中に招き入れてあげましょう。もし、自分自身に否定的な気持ちや思考が湧いてきたら、もう一度、母なる地球と父なる宇宙の愛を受けている自分に意識を向けます。呼吸を忘れずにいてくださいね。

ハートの中に愛の光を十分に満たして、あなた自身の内なる光を信頼して、もう一度今の自分に慈しみをもって出会ってみてください。

♡ハートから唱えましょう

あるがままのわたしをハートに招き入れます。

ありがとう。わたし。

わたしを許します。

わたしを愛しています。

目の前のあなたに触れてみましょう。手をとって包んであげたり、肩や頭をやさしく撫でてみてください。痛みがある身体の場所や気になる部分に触れて手当することもできます。そして、満たされているあなたのハートの光で抱きしめましょう。

目の前のあなたから感じることはそのまま感じましょう。どんな状態であっても、その光で癒すことができます。

これらのワークはご自身のペースで進めてくださいね。時間をかける必要があるかもしれないのです。わたしたちの多くは結果を急ぎすぎています。しかし、今の状態は長い年月をかけてパターン化されている、心や思考の結果ですから、くりかえしアプローチしてみましょう。一番大切なあなたという存在。このつながりが人間関係のはじまりです。

あなたの今の人間関係は、自分自身との関係を反映しているはずです。だからこそ、自分を愛することに十分な時間をかける価値があるのです。大人としての中心意識。今、ここ。マインドフルな状態は、インナーチャイルドをケアし、自分らしさという種に栄養を与え続けるための土壌づくりですから、とても重要です。

6．あなたの愛を必要とするインナーチャイルドに触れる鏡のワーク

チャイルドへ許しと感謝を伝える

今の自分との平和なつながりをもてるようになったら、いよいよチャイルドに働きかけてみましょう。

鏡を1つ用意してください。携帯電話のカメラを内側に向けても構いません。ハートからの呼吸を続けながら、あなたの瞳を見つめてみましょう。

その瞳の奥に、あなたの最も嫌いな部分。つまり、あなたの愛を一番欲しているチャイルドがたたずんでいるのを感じましょう。

どんな姿をしているでしょうか？　どんな表情をしているでしょうか？　どんな服を着ているでしょうか？　どんな髪型をしているでしょうか？

あなたが感じ取れるだけ、感じ取ります。視覚だけではなく、身体感覚、感情としても、感じることは何でもです。

やさしく微笑みながら、次の言葉をかけます。ここでは、イハレアカラ・ヒューレン博士が提唱した、ハワイの伝統的な潜在意識のヒーリング手法であるホ・オポノポノの4つの魔法の言葉を使

います。

ありがとう。
ごめんね。
許してね。
愛しています。

１ターン言い終わったら、少し反応を待ちます。あなたの中に考えや言葉、感情が湧いてきたら、今度はその反応に対して４つの言葉を唱えます。

ありがとう。
ごめんね。
許してね。
愛しています。

チャイルドから伝わる感情や言葉がどんなものであっても、４つの言葉を唱えましょう。他にも、「何も見えない、感じない」「わからない」「馬鹿らしい」など、そういった思考が湧いてきたら、それ自体に４つの言葉を唱えます。

「イライラ」してきたら、イライラに対して唱えます。チャイルドが潜在意識下で抱えている記憶を丁寧にクリーニングしていきましょう。心が伴っていなくてもよいとのことですから、消しゴムで消すように、浮かんでくる気持ち、言葉、身体の感覚も言葉でクリーニングしていきます。中にはなかなか消えないものもあると思いますが、その場合、同じ感覚や思考に対してなんどもクリーニングしましょう。ポジティブな思考や感情についても同様に行います。

そして、どこかのタイミングで、チャイルドを抱きしめたくなったら、そうしてあげましょう。もちろん、大人のあなただけではなく、チャイルドもそうしたかったらです。

インナーチャイルドとのつながりを深める

♡ハートから唱えましょう

ありがとう○○ちゃん（くん）。
今まで1人ぼっちにしてごめんね。
わたしを許してね。
愛しているよ。

このプロセスをくりかえすほどに、あなたとチャイルドのつながりが深まっていきます。

愛と平和はいつもあなたから

愛と平和は、あなたが自分自身のインナーチャイルドに注目することからはじまります。「いつも、あなたから」です。それ以外にはあり得ないのです。であれば、あなたの中に反応として現れる、忌み嫌われている部分を誰が愛するというのでしょう？　あなたに起きている身体の痛みや心の痛みを誰が愛するというのでしょう？

幸せを、自分以外の何かに、誰かに、探し求める必要はありません。

それは確かに、あなたの中にあるものだから。

いつスタートするのか

ポジティブといわれる感情は大歓迎されますが、ごみのように捨てられた感情は人々の間を巡り続けます。未来永劫愛に変換されるまで。あなたがやらなければ引き継がれていくのです。子供に明るい未来を残せるか否かは、まず、わたしたち1人ひとりが自分の感情を愛することにかかっています。平和というのは自分だけが幸せになることでしょうか？　自分だけが豊かになることでしょうか？　この世に戦争や暴力、児童虐待や自殺やいじめ、貧困や差別がある限り、わたしたちは自分自身の感情や凝り固まった思考をもっと愛して、手放していかなくてはなりません。全体の平和へと向かうためには、あなたから、それを「いつか」はじめなければならないのです。先延ばしにしていても状況は変わりません。だから、今からはじめたいのです。

こうして皆さんと出会えてとてもうれしいです。希望がここにあるから。

まずはあなたから、勇気をもって自分との戦争を辞めることを決めてみませんか？　自分自身を今まで傷つけてきたことを詫び、愛と許しをあたえることを、再びインナーチャイルドに約束してあげましょう。

♡ハートで受け取りましょう

あなたは、ただのあなたでいるだけで豊かな存在です。

あなたは、ただのあなたでいるだけで愛の存在です。


これまで生徒さんの癒し課程に寄り添ってきましたが、長い間外に向けていた意識を自分に向け、愛する体験をくりかえすたびに、その人本来の光が内側から放たれていく姿に心震えます。それはまるで美しく咲き誇った花のようです。それぞれの色。形。大きさ。匂いを放つ、唯一無二の命の輝きに魅了されます。

きっと、あなたという自分らしさの種も、注目を与えられ、栄養を与えられることを待ち望んでいることでしょう。自分のために注いだ時間は、必ず実を結びます。変化が感じられない期間があったとしても、潜在意識下で確実に動いているからです。いつの間にか種から芽が顔を出すように。

本書を通じて出会った大切なあなたが、本来の光を取り戻せますように。

第4章　さあ、インナーチャイルドを癒すレッスン「習慣STEP2」

1．トラウマと脳機能の関係性

3つの脳について

ここでわたしたちの脳の機能とトラウマについて学んでいきましょう。

子供が心身共に健康的に発達していくためには、3つの脳が関係しています。まず、「生きられる」という原始的な反射の脳＝脳幹が満たされることが重要です。脳幹は生命維持に重要なシグナルを送る、爬虫類の脳とも言われている部分です。呼吸、体温調節、ホルモン調節、本能的な行動などに関係しており、脳の発達において赤ちゃんはこの脳幹が最も発達した状態で生まれてきます。

そこから派生した脳が大脳辺縁系です。喜怒哀楽などの感情、感覚、記憶などを司る脳です。7歳までに土台が育つと言われています。

生命維持の脳が満たされ思考の脳が健康的に育つ

進化の過程において最も新しく発達した大脳新皮質は、人間の脳とも言われていて、よりよい生活を送るために思考する脳です。身体的な健康、精神的な健康のためには、この3つの脳がバランスよく機能していることが重要です。

シナプスとは、神経回路のことですが、微量に電気を発生しています（静電気はわたしたちが電気を発生しているから起きますね）。

とくに、大脳辺縁系は、脳幹にも大脳新皮質にも無数のシナプスを派生しているので、感じる脳が抑圧されるとき、それぞれの連携が遮断され、脳にはこの電気的なシグナルが強く残ってしまうのです。

情動の嵐が強くなったときには、泣くことでその電気を解放することができるのですが、トラウマと言われる体験では情動が抑圧され、否認、無視されることで電気的なシグナルが封印されたままありつづけます。

トラウマの脳の仕組み

これらは7歳までの経験の中で初期設定され、それ以降、トラウマ体験を避けるために奔走するのですが、条件が揃うと、このトラウマの神経回路にスイッチが入ってしまいます。そうすると、普段は連携している思考する脳への回路が遮断されるので、生命維持の脳と情動の脳だけが、異常反応するのです。

例えば、子供のとき、あるがままいることでお母さんやお父さんの機嫌を損ね、しつけと称して叩かれた体験があるとしましょう。恐くて、助けて欲しいけど、泣いても怒られ、自分であることが受け入れられない体験。成長して社会生活の中で、職場の上司から注意されたときや、自分に言われたのではなくても、大声で話す人の近くにいるときに、この封印された神経回路にスイッチが入ります。

そうなると、もうそこから逃げ出したくなったり、身体が固まったり、呼吸が止まってしまったり、いたたまれない気持ちになったりするのです。くりかえすほどに過敏に反応するようになってしまいます。過呼吸として反応する場合もあります。

インナーチャイルドに愛を向けるという行為は、これらの抑圧された情動に許可をだし、大人の自分が決して罰を与えることなく、受け入れてあげることです。そして、この電気的なシグナルを弱めていき、「自分が受け入れられた」という新しい神経回路をも育てていくことができるのです。

自分の感じる気持ちを封印してしまうと、自分を信頼することも他者を信頼することもできず、とにかく生命維持のために適応することでやり過ごすしかありません。癒しの過程において必要不可欠な「涙の解放」は、脳が過剰な電気的ストレスを弱めるための自然作用なのです。

本当の自分ではなく適応した自己を発達させなければならない

「いい子でいること」「我慢すること」「期待に応えること」「反抗ばかりすること」「存在を消すこと」「他者の負の感情を自分が背負うこと」「人の機嫌をとること」「人のお世話をすること」など、あるがままの自分を抑圧しながら、適応するために決めたふるまいは、インナーチャイルドが愛され、受け入れられることなしには解放されることがありません。

つまり、インナーチャイルドの真の癒しは、わたしたちが本当の自分で生きること、幸せで穏やかな脳の回路を育てていくことを可能にするのです。

2．今の悩み、くりかえされるパターンを見つける

適応するために抑圧されたもう1人の自分

インナーチャイルドは自分が決めたふるまいに固執しています。その間は自由を感じることができません。そして、上手くいくことでその振る舞いを強化するし、上手くいかなくなると途端にどうしたらいいのかわからず激しく落ち込みます。

例えば、「わたしはいい子でいるべき」というふるまいを決めたとします。そうすると、「いい子でないわたし」は、ＮＯとされ、押し込められることになります。抑圧された人格は決して表現が許されなかった自己の一部です。

愛を向けられるまで叫び続けるインナーチャイルド

「わがままを言ってはいけない」と抑圧され、切り離された自己は、大人になって、わがままな人を目にするとイライラしたり、子供がわがままをいうと爆発するなど、反応として表出されます。また、パートナーや友人に本音が言えなかったり、そのことで誤解を招いてしまうなど袋小路にハマることもしばしばあります。

くりかえされるパターンの中に、愛を向けられることを待っているインナーチャイルドが見え隠れしていますから、まずは思い当たる悩みやくりかえされるパターン（上手くいかないもの）を見つけてみましょう。

《ワーク①》

・あなたの今抱えている悩みを書き出してみましょう。

・過去にもあった、それと似たような悩みを書き出してみましょう。

３．トリガーに焦点をあてる

封印された回路にスイッチが入ったトリガーは何か？

情動を抑圧されたときに強い電気が封印されますが、封印された回路はその周りをウロウロしていて、状況が揃うとあっという間にスイッチが入ります。スイッチが入ると、封印されていた電気的エネルギーが再び発動し、危険信号が流れます。そうすると、考える脳への回路が遮断されるので、自動的に原始の脳と情動の脳の反射、反応でふるまうことしかできなくなるのです。子供を叩きたくないのに叩いてしまう、言いたいのに言えなくなる、逃げ出してしまう、攻撃してしまう、などです。例えば、特定の状況や誰かの行為、言葉、目線、声のトーン、表情がスイッチになります。傷つき、抑圧されたインナーチャイルドのプログラムにスイッチが入るきっかけをトリガー（引き金）とします。ワーク②では、何がトリガーになったのかを見つけていきましょう。

〈事例①〉

勉強していい成績をとることを望まれ、体格のよい父親から、怠けていると判断されると体罰をうけたり、精神的な罰を受けたりしていたとします。罰をうけるときは「ちょっときなさい」と部屋に呼ばれ、正座させられたり、叩かれたりしていた体験。これは子供自身の気持ちや思いを全く無視されている状況です。成長して、エレベーターの中で、体格のいい男の人を見るだけで身体が固まったり、呼吸が苦しくなったりする場合、この状況がトリガーとなり、トラウマの脳にスイッチが入ります。危険、逃げろ、と反応するのです。

〈事例②〉

お母さんに褒められることが少ない、あるいは一生懸命期待に応えようとしても、いつも否定されていた人がいるとします。働くようになって、職場の上司が自分の仕事について、間違いを指摘するたびに、このトラウマの脳に触れ、その上司に嫌悪感を抱きます。上司の口調、表情、態度、動作など、何が一番のトリガーになったかを考えてみます。実際に見たこと、聞いたことについて考えてみます。

〈事例③〉

恋人との関係の中で、ラインの連絡が途絶えたとき、「浮気しているのでは」「わたしのさっき言ったことで腹がたったのでは」などと思い込んでいまい、何度も何度も連絡したり、そのことが頭から離れられなくなる場合なども、パートナーのある行為、言葉がトリガーになっています。

さきほど書き出した悩みの中から、トリガーになるものを見つけてみましょう。

《ワーク②》

トリガーとなる事柄を見つけてみましょう。できるだけ鮮明に思い出し、見たこと、聞いたこと、自分が言ったこと、行為などを書き出します。

４．悩みのコアを捉える３つの質問その１／自由連想で言葉を見つける

無意識下の制限、強制、自己概念を見つける

では①悩み②トリガーとなる事柄が揃ったところで、インナーチャイルドが生命維持のために決めたふるまいを見つけていきます。これらはわたしたちの観念や信念と言われているもので、特に生き残るために必要だと思ってしまったインナーチャイルドが決定したことは、無意識の中に強烈なインパクトをもって刷り込まれています。そのため、わたしたちはこれらのふるまいから自由になることができないのです。ポジティブに捉えましょうとか、思考の書き換えとして「自分には価値がない」という観念を「自分には価値がある」と唱えることでは上手くいかないのは、インナーチャイルドが生命維持のために固執しているふるまいだからです。

もっとも忘れてはならないことは、そこに傷つきを抱えているということです。その傷つきを無視し、ごまかすことではなく、そこに気づき、愛と許しを与えられるのが、生き延びられた大人のわたしたちにできることなのです。暗闇の中で、得体の知れない存在に怯え、逃げ続けている自分自身を想像してみてください。どんなに辛く、ストレスを抱えているでしょう。次のワークでは、自由に思いつく「言葉」をできるだけたくさん書き出してみます。

☝3つの質問その1「その状況（トリガーとなる事柄）のとき、あなたは自分のことを何と思っていますか？」

《ワーク③》自由に書き出しましょう

わたしは○○であるべき（するべき）。

わたしは○○するべきでない（○○であってはならない）。

わたしは○○だ（ネガティブな自己概念）。

5．悩みのコアを捉える3つの質問その2／感情を感じる

呼吸によって思考や判断のフィルターを弱める

では、ここからさらに、無意識とのコミュニケーションを深めていきます。

わたしたちの思考や判断のフィルターを弱めることで、無意識との対話がしやすい脳の状態をつくることができます。

思考を緩めるために、呼吸に意識を向けながら身体を緩めてみましょう。

感情にフォーカスする

あなたがワーク③で書き出した「言葉」１つひとつを声に出して言うか、心の中で唱えて、その「言葉」からくる「感情」を味わってみます。

ここで、感情についてサポートしますね。わたしたちは本当の自己からあまりにも長く離れているために、感情がわからなくなっています。

わたしのスクールにこられる生徒さんも、はじめは「感情」と「思考」の区別が難しいようです。もちろんわたしもそうでした。

なぜなら、感じることを避けるために思考にはまり込んでいたからです。その考えというのも、自分の本来備えている観念をベースにして偏ったもので、問題解決の答えは実はそこには存在しないのですが、思考し続けていれば、見たくない感情から逃げることができます。

わたしたちが本当の自己を生きるためには、自分の感情について切り離してしまった回路を再結合しなければなりません。

たとえ一時的な痛みを感じても、あなたは１人では生きてはいけない小さな子供ではありませんし、困難に立ち向かうための忍耐力や知性も備えていますから、大丈夫です。ご自身を信頼して、感じることに心を開いてみましょう。

ここではまず、抑圧されてしまったネガティブな感情に触れていきます。恐怖、怒り、悲しみ、恥、嫌悪、罪悪感、孤独感、無価値などです。

☝3つの質問その2「その言葉を唱えたとき、どんな気持ちがしますか?」

《ワーク④》

ワーク③で書き出した

わたしは○○であるべき(するべき)。

わたしは○○するべきでない(○○であってはならない)。

わたしは○○だ(ネガティブな自己概念)

という「言葉に伴う感情」を1つずつ味わい、一番強い反応を示す「言葉」を決める。

深呼吸して、軽く目を閉じ、言葉を1つずつ唱えながら、それに伴う感情(気持ち)を味わってみましょう。

感情に接触するまで、何度も唱えます。

身体の中で強く唱えましょう。そして、今、一番強く「感情」に触れる言葉を、1つだけ選んでください。

もし、その言葉が複数ある場合は、ご自身でどちらかを選択してください。自分の直観に従ってみましょう。では、あなたが決めた「言葉」と「感情」をメモしましょう。

「言葉」……(わたしは　　　　　　　　)

「感情」……(　　　　　　　　)

６．悩みのコアを捉える３つの質問その３／身体を感じる

心を抑圧することで身体感覚がマヒしてしまう

では、「言葉」と「感情」が出そろったところで、「その言葉に伴う感情を身体のどこで感じるか？」ということについてワークしていきましょう。

感情を抑圧したときに、わたしたちはギュッと身体にそのフィーリングを押し込めてしまいます。身体の感覚がマヒしてしまったり、必要以上に過敏になってしまうのは、痛みを避けるために無意識の反応として現れていることが、要因の１つです。過去に、厳しいしつけをされた男性の例です。言うことを聞かないと、道具を使って叩かれたりしていたそうです。大人になっても、握手やハグなどのときに身体が硬直し、触れられることに嫌悪を感じていらっしゃいました。

インナーチャイルド癒しプログラムの中で、傷ついたチャイルドが癒され、感情が解放されることで「人に触れるとか、触れてもらうということが、心地よいと感じるようになりました」とおっしゃっていました。

身体と心と思考をつなげる

身体の感覚をもって癒しをもたらすことが重要なのです。身体の細胞は記憶しています。わたし

たちの顕在意識をはるかに超える情報をもっているのです。ですから、自分で考えようとするこだわりをできるだけ手放すことが、このワークの秘訣です。普段わたしたちは思考することを優先していますが、そこから自分を自由にしましょう。

☝3つの質問その3「その言葉に伴う感情を身体の何処で感じますか？」

《ワーク⑤》

あなたがワーク④で決めた「言葉」をもう一度唱え、「感情」を今できる限り深く感じましょう。その感覚を一番強く感じる身体の場所を限定します。

身体で感じるコツ

身体のどこに感じるでしょうか？　もし、身体のどこで感じるか、考えようとしている自分がいたら、首の力を緩めて、うつむき加減の姿勢をとってみましょう。考えようとしているときは目線や頭が上に向きますが、感じるためにはうつむくだけで身体に意識を向けることができます。身体の場所が限定できたら、こんどはさらに意識をフォーカスしていきましょう。

例えば、胸に感じているとしたら、胸が締め付けられる感じ。とか、胸がどきどきする感じとか、です。では、感じる身体の場所と感覚をメモしましょう。

「身体の場所と感覚」……（　　　　　　　　　　　　　　）

では、これまでのワークをまとめましょう。

《まとめ》

「言葉」……（　　　　　　　　）
「感情」……（　　　　　　　　）
「身体の場所と感覚」……（　　　　　　　　）

さあ、ここまできたら、インナーチャイルドに触れることができます。
これらのワークで、もし、涙が自然に流れてきたら、それは大切なプロセスです。封印されていた電気的なエネルギーを弱めるために脳が自然に起こす作用なので、安心してください。涙と共に存在することを心がけましょうね。

7. インナーチャイルドと対話するにあたって注意すること

純粋な愛ゆえに、傷ついて押し込めなければならなかった

ここで重要なお話をします。これまでにもお伝えしましたが、インナーチャイルドワークとは、あなたが今まで愛される機会を失っていた自分の人格に、愛と許しを与えることです。大人のあなたに抵抗などがある場合は、そういう自分も認めてあげましょう。小さなあなたは自分をダメとすることで生き抜いてきていますから、それは愚かなことでも恥ずかしいことでもないのです。あなたが日常の様々な出来事の中で、自分の存在が恥ずかしい、価値がないと感じるとき、自他を責めたくなるとき、そこにインナーチャイルドがありありと存在します。

インナーチャイルドを抱えた大人だらけ

あなたのインナーチャイルドワークが進むほど、実に多くの人がインナーチャイルドを抱えて生きていることに理解ができるでしょう。純粋な愛をもっているインナーチャイルドだからこそ、傷つきやすく、両親のために、見捨てられないために、奔走してきました。純粋な子供が本当の自己を取り戻すことができるのは、大人のあなたの愛のみです。

この段階でインナーチャイルドに触れることに不安を感じる方は、第3章の「まずはあなたを満たす「準備」」で紹介した、母なる地球としっかりつながり、父なる宇宙からの光を受け取り、あなたのハートを光で満たすワークをくりかえし行ってみましょう。

♡ハートから唱えましょう

これまでのわたしを受け入れます。

わたしは自分にできるベストをつくしてきました。

こうやって、あなたがこれまでの自分を優しさで包むことができたら、今度は傷ついて凍結している小さなあなたを、愛で包むことができるでしょう。あなたにはきっとそれができると信じています。大人のあなたが、小さなあなたを認め、ただ共に存在してあげましょう。

自分らしい感情を押し込め、生き抜くために頑張ってきたインナーチャイルドは、自分を感じることをＮＯと学び、周りを感じることや、人の気持ちを察することに、奔走しています。これ以上傷つかないように、見捨てらないように、ふるまうことに必死なのです。ですから、そんな小さなあなたに、自分を感じてもいいのだ、自分の欲求を叶えていいのだ、と許可をだしてあげることを大人心に決めてくださいね。

今一度、あなたの中心意識に入って、ハートの内なる光とつながりましょう。あなたは十分に成長したのです。様々な苦難をも乗り越えて、今、ここ。に存在している大人の自分を信頼して、次の言葉を唱えます。

♡ハートから唱えましょう

わたしは小さなわたしを愛します。

インナーチャイルドとの出会い

わたしがはじめてインナーチャイルドセッションを受けたとき、自分の考えていることと感情が全く区別できませんでした。「気持ちは？」と聞かれ、状況を説明し、また「気持ちは？」と聞かれて「なんでこの人は何度も何度も気持ちばっかり聞くのだろう？　わたしの悩みはそこじゃないのに！」とイラっと感じたことを覚えています。

しかし、突然涙が出てきて、小さな子供のように言ったのです「もう、帰りたい！」と。涙が止まりませんでした。どこに帰りたいって、それはおそらくお空のことだろうと感じました。母であること。妻であること。子供たちに不自由させないように頑張って仕事しなければならないこと。習い事の送り迎え、お弁当。夕飯の買い物。掃除、洗濯…毎日が心と対話する間もなく、怒涛のように過ぎていく日々でした。何を感じているか？　そんなことより、するべきことをこなすことに精一杯でした。小さなわたしの求めが聞こえる由もありません。それほどに雁字搦めで苦しくて、長い間わたし自身を押し殺していたのです。家族への愛。無意識であっても「するべき」になれば周りも重くなるものでしょう。涙と共にあたたかい感じに包まれました。

そこから少しずつ、自分の感情を感じられるようになったのです。あなたにも、インナーチャイルドの癒しは一度触れて終わりではないこと。癒し切るというものではなく、さらに深まっていくものだということをお伝えしておきます。そこからが本当のあなたを取り戻す旅のはじまりであり、自己実現へのスタートなのです。だからあなたも、少しずつ。それで大丈夫です。

第5章

インナーチャイルドを癒す7つのプログラム「習慣STEP3」

1．平和な場所を用意する

境界を構築する

インナーチャイルドとコミュニケーションするのにあたって、何より、大人のあなた自身が安らげる、平和な意識状態であることが優先されます。イメージの中で、この地球上であなたがとても好きな場所、きれいだなと思う場所、行ってみたいなと思う場所をつくってみましょう。くれぐれも、足もとが不安定ではないように、しっかりと大地を感じられる場所にしてくださいね。

視覚的なイメージが難しい人は、まずあなたのイメージに近い場所を、雑誌や検索などで探してみましょう。今はこういう作業がとても便利な時代になりました。数々の美しい場所を眺めるだけでも、心に平和な気持ちが宿ってくるのを感じられますね。決めたらそれをしばらく眺めてから、目を閉じて、もう一度イメージしてみましょう。

平和な場所をたっぷり味わう

あなたが決めた、その景色に立っている足の感覚を、しっかりと感じてください。大地を捉えている足からどんな感覚が伝わってきますか？　ごつごつした感じ？　硬い感じ？　温かい感じ？　ザラザラした感じ？　そこから周りを見渡してみましょう。あなたの平和な場所から見える景色から、どんな色が見えますか？

木々の緑。海の色。晴れ渡った空の色。そこに咲いているお花の色。それらの美しい色をたっぷり呼吸して、身体に満たしていきましょう。

さらに、そこに降り注ぐ光を感じてください。その光も呼吸で満たすことができます。そこから聞こえてくる音。感じる肌の感覚。それらをできる限り鮮明に感じ取ってみましょう。

今、その平和な場所にいるあなたは、どんな気持ちでしょうか？　その肯定的な気持ちをたっぷり呼吸して、さらに高めていきましょう。そこで好きなように過ごしてみてもかまいません。

ただし、ここはあなただけのプライベートゾーンですから、許可なしには誰も入って来られないようにバリアをはってくださいね。この作業は、あなたと他者の境界を構築するためにも効果的な、イメージワークです。好きなだけ、平和な場所から肯定的な感覚を味わいましょう。

2. 思考、心、身体をつなげチャイルドとつながる

言葉と感情と身体感覚をつなげる

第4章の《ワーク⑤》で導き出した「言葉」「感情」「身体の場所と感覚」をもう一度書きだしてみましょう。

「言葉」……（　　　　　　）
「感情」……（　　　　　　）
「身体の場所と感覚」……（　　　　　　）

目を閉じて、平和な場所にいる中心を感じながら「言葉」を心の中で唱えます。

「わたしは○○○」

その「言葉」からくる「感情」を感じ取っていきましょう。感情に触れるまで、言葉を繰り返し唱えます。今あなたにできる限り深く感じます。そして、その感情を強く感じる身体の場所に意識をフォーカスして、さらにどんな風に感じられるか観察します。身体が持っている感覚を、詳細に感じ取りましょう。呼吸を忘れずに続けてくださいね。

そのフィーリングこそが、あなたのチャイルドが感じているものです。長い間傷つきを抱えたまま、押し込められ、切り離されたあなたの一部なのです。では、今居る平和な場所に、そのチャイルドを招きましょう。すべての思考や予測、期待を手放して、目の前のチャイルドをやさしく見つめてあげてください。

♡ハートから声をかけましょう

こんにちは。〇〇ちゃん（くん）。

3．インナーチャイルドをハートで受け入れる

1番の理解者として存在する

あなたのフィーリングを信頼しましょう。そして、大人として成長している自分自身を確認します。小さなときには言えなかったこと、できなかったこと、考えられなかったことが今のあなたにはできます。最も理解ある親として、チャイルドを受け入れるという気持ちを広げてみましょう。

今までずっと、１人ぼっちでそのフィーリングを背負ってきた小さなあなたを、理解してくれる大人があらわれたのです。

それは、他の誰でもない。大人のあなた。

♡ハートから声をかけましょう

わたしは大人になったあなただよ。
ごめんね。今まで1人ぼっちにさせて。
わたしを許してね。
出会ってくれてありがとう。

小さなあなたから感じるフィーリングを、すべて感じとりましょう。苦しくなったら、平和な場所から肯定的な感覚をたっぷり呼吸して、あなたの中心に入ります。そしてもう一度チャイルドとつながります。

4．インナーチャイルドの正直な気持ちを聞く

コミュニケーションをはじめる

それではチャイルドと会話をはじめてみましょう。
チャイルドができるだけあなたに正直に話せるように、「どんな言葉でも聞いてあげよう」と決めてください。特に、「いい子」でいることや、「迷惑をかけないように」頑張ってきたチャイルドは、笑顔という仮面を被っているかもしれません。あるがままを表現しても、大人のあなたは決し

て怒ったり、見捨てたりしない、ということを約束してあげましょう。

自分自身を信頼しましょう。あなたには人を思いやる心があります。それを自分に向けるのです。もっともあなたの愛を必要としている、小さなあなたに向けるのです。

もし、小さなあなたを批判したくなったり、傷つけたくなったら、ワークはここまでにして、もう一度平和な場所からたくさんのポジティブな感覚を呼吸し、目覚めてください。そうして無意識に自分を痛め続けていたことを今確認して、それはチャイルドが望んでいたことではなかったということに気づきましょう。大人の自分を抱きしめて、労わってください。あなたがその傷つきを理解できるまで、ゆっくり進めていかれるとよいです。先に進める人は、チャイルドに聞いてみましょう。もし、強い感情を感じたら、押し込めずに、呼吸を使って解放し、感じるままにしましょう。涙が出てきたら、ただ流れるままにします。

♡ハートから声をかけましょう

私に、あなたが思っている本当のことを教えて。

ワークで決めた「言葉」を信じた出来事や、押し込めた「感情」について、詳しく聞いてみます。

小さなあなたが思っていること、感じていることを、大人のあなたが心から理解できたら、次に進みます。

インナーチャイルドから受け取ったどんなことでも、思いつくことを書きとめましょう。

5. インナーチャイルドの欲求を叶える

♡ハートから声をかけましょう

今、大人のわたしから欲しいものは何？

チャイルドが本当に望んでいるものを与える

大人のあなたの予測や考えを手放して、伝わるフィーリングを直感で受け取ります。無意識のなせる業です。それは、形ある物かもしれないし、行為や言葉かもしれません。

それが何であれ、大人のあなたは無意識というイメージの中で確かな経験として与えてあげることができます。十分に与えてあげてくださいね。

そして、できる人は1つだけでなく、ほかにも欲しいものがないか聞いて、叶えてあげましょう。

1つ、1つ、あなたが与えるたびに、チャイルドの様子はどのように変わっていくでしょうか？それだけでなく、大人のあなた自身はどんな気持ちを感じていますか？

もし今、あなたがそうしたいと思うのであれば、そしてチャイルドもそれを望んでいるのであれば、小さなあなたの手を握ったり、頭や肩や背中をなでたり、抱きしめてあげたりしてください。

♡ハートから声をかけましょう

わたしは、あなたのためにここにいます。
あなたを愛しているよ。

6．凍結された感情と思考を解放する

小さなあなたが表現することを許す

小さなあなたが押し込めていた感情を表現することを、今、大人のあなたが許してあげてください。「わたしがここにいるから、あなたが安全に気持ちを表現できるように見守っているよ」といって、子供らしく、体いっぱいに表現できるように大人心を開いてください。声をあげることも許してあげましょう。自分を傷つけること、誰かを傷つけることのないように制限を与えてあげることとも重要です。それ以外は自由です！

もし、大人のあなたも参加したかったら、いっしょにその表現をまねてみてください。素晴らしい体験になるでしょう。

呼吸を使って溜めていたエネルギーを解放する

ためている身体の場所をもう一度感じましょう。

吸う息で、あなたの周りにある新鮮な空気をそこに満たして、吐く息で、ためている感情を深く外へと送りましょう。チャイルドが信じてしまった「言葉」も解放します。

吸うときには、その場所にあなたの思いやりや優しさ、愛を満たしていきます。吐いて「感情」、「言葉」を全部オーラの外へと送ります。吸うときに、輝く光で満たすことも忘れないでください。

太陽の光で癒す

今一度、平和な場所に居る、その大地の感覚をしっかり感じながら、両手をバンザイして、太陽の光をシャワーのように浴びましょう。過去が完全に癒されていくように、チャイルドといっしょに浴びましょう。

呼吸によって、あなたをとりまくオーラから、全身に満たされていくのを感じます。それはまるで、身体を気持ちよく洗った後のような完全にした感覚です。

チャイルドをもう一度抱きしめましょう。

ありがとう、愛しているよ、とクリーニングし続ける

呼吸を使って感情を解放しながら、

ありがとう、愛しているよ、

と声をかけ続けます。

そして、チャイルドからやってくるフィーリングがどんなものであっても、心を開いて受け取りましょう。言葉。感情。身体の感覚。受け取った1つひとつに、ありがとう、愛しているよ、とクリーニングします。

そして、またこうしてワークすることを約束してあげてください。

ワークするたびに、あなたはもっとたやすく、インナーチャイルドとつながることができるようになるでしょう。そして、本当の自分との信頼関係が、あなたの人生にも浸透し、正直に生きること、幸せや自由、豊かさをもたらしてくれるでしょう。

♡ハートから唱えましょう

わたしの愛を内側に持ち続けます。

7. 魔法の子供を復活する！　ピッカピカダンスエクササイズ

身体アプローチにより変化を加速

人間の心と身体と精神の密接な関係性は、心理学、生物学、脳科学、ヨガ、瞑想、タオ医学、様々な分野で検証されてきました。１９５９年以降、日本でも心身医学の研究が進められ、統合的な医療の実践がなされています。１９４０年頃からアメリカで発展していったダンスセラピーでは、身体の動きを通じて、精神的治癒を行うためのアプローチがなされています。

わたしは自分自身の体験から、インナーチャイルド癒しプログラムにおいて、ダンスやヨガを取り入れています。生徒さんの中にははじめ、音楽に乗って自由に動くことなんてできない！ と硬直される方もいます。わたしたちの中核のインナーチャイルドは、自分らしい表現をＮＯとされ、完璧にこなすことや、正解を常に考えています。比べられる恐怖、笑われて傷つく恐怖で身動きがとれません。

しかし、心の解放とともに身体も動くようになってきて、（もちろん、身体の動きが心を動かす相互作用でもあります）「のびのびとダンスが踊れるようになりました！」と変化される姿に、何度も遭遇してきました。こんなにも、わたしたちには可能性があるのだということを、現場で学んでいます。動きと感情を伴ったポジティブな体験は、新しい神経回路をつくり出し、同時に新しい視野を広げてくれます。

生徒さんが、本来の自分、生き生きとした生命力を取り戻していかれる姿は尊敬に値し、身体アプローチの重要性を感じています。なにより、インナーチャイルドを癒し続けるにあたって、大人の自分の愛のパワーを開いていくために、これらはとても有効的です。

わたしたちは、今の自分は不足しているとか、ダメだとかいう言葉を、何度も無意識に唱えていますが、実際はそうではありません。今ここに、あなたの豊かさがある。それに気づいていくことが未来の豊かさを生むのです。

ここでは心理学者エリック・Ｈ・エリクソンが提唱している心理社会的発達と、インド伝統医学のチャクラ（生命エネルギー）に基づき、個人の自我形成を再構築し、自己実現へと向かうためのエクササイズをご紹介します。ぜひ、日々の生活に取り入れてみてくださいね。

第1チャクラ（発達基礎年齢受胎〜1歳、定着年齢〜7歳）

声明・わたしは安心できる場所がある。わたしはここに受け入れられている。わたしは自分を信頼できる。

地球と綱引き

しゃがんで両手を床につき、踵にしっかり重心をおいて、イメージの中で尾骨から地球の中心に向かって縄を降ろします。吸う息で、手のひら、足の裏、縄から、母なる地球の滋養と愛をたっぷり受け取ります。「ありがとう」

吐く息で、尾骨から降ろした縄をじわじわ引っ張る感じで、お腹を太ももにつけたまま、可能な範囲で足を延ばします。背中が丸まらないようにしましょう。５〜10回程繰り返し、縄でつながっている感覚、足にエネルギーを感じます（図１―１参照）。

〔図１－１　地球と綱引き〕

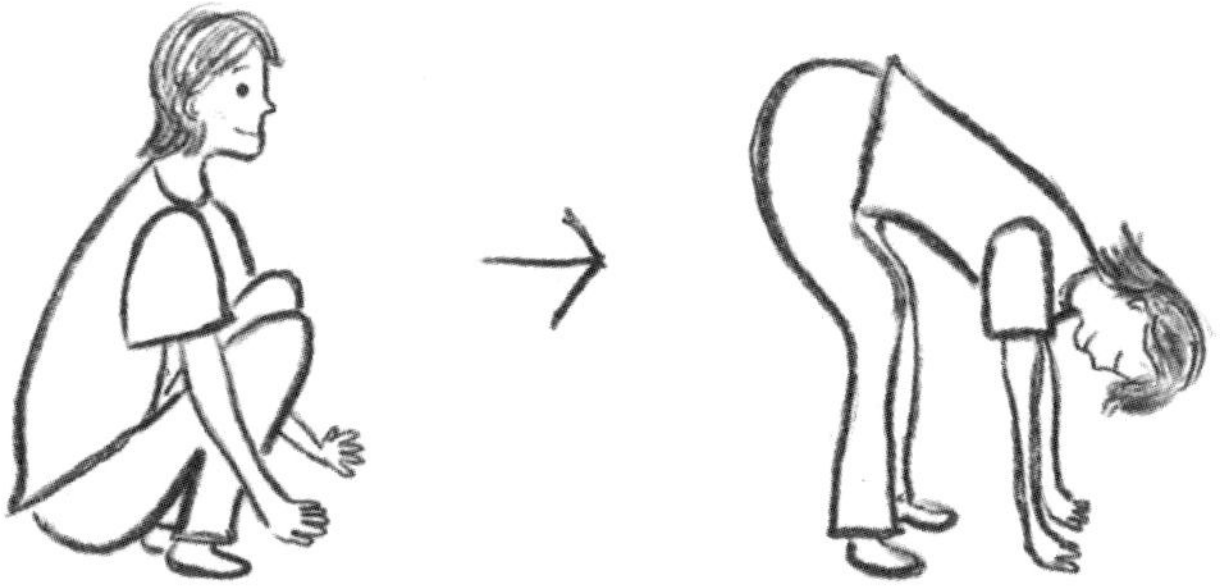

〔図１－２　滋養をたっぷり受け取る〕

滋養をたっぷり受け取る

ゴミや物のない片づいたスペースで大の字に寝転びます。背中で地球があなたを丸ごと支えてくれているのを感じながら、ただ休みましょう。

「わたしは今ここに受け入れられている」と唱えながら「安心感」や「信頼」の感覚を呼吸します。

第2チャクラ（発達基礎年齢1歳～1歳半、定着年齢7歳～14歳）

声明・わたしは感じる。わたしが好き。わたしは味わう。あるがままのわたしはOK！

子供のダンス

足を踏み鳴らしながら全身のすべての関節を揺らしてバタバタします（背骨はゆるやかにまっすぐをキープします）「大好き！」「大嫌い！」「悲しい」「こわい」「うれしい」「楽しい」と声に出して、1つひとつの感情を味わいながら蓄積されたエネルギーを解放していきましょう（図2―1参照）。

↓

骨盤ゆらゆら～水のダンス

お腹にやさしく手をあて、優しい月の光が眉間から身体の中に流れ込み、お腹を満たしていくのをイメージします。あなたのお腹の中で、オレンジ色に染まった美しい海が、ゆらゆらゆれるのに従って、呼吸をしながら骨盤を気持ちよく動かしていきましょう。吐く呼吸で「ハア〜」と自然に声を出してみましょう。

次に、「わたしはよろこび」「わたしはすべての感情を味わう」と唱え、美しい海があなたの内側から周りに広がるのを想像しながら、骨盤の動きに合わせて腕を動かし、自由にダンスするように動いてみましょう（図2—2参照）。

〔図２－１　子供のダンス〕

〔図２－２　骨盤ゆらゆら～水のダンス〕

第3チャクラ（発達基礎年齢1歳半〜3歳、定着年齢14歳〜21歳）
声明・わたしはできる！　わたしは自他を尊重する。わたしは意図する。わたしは健康だ。

太陽ピカピカ

重心を足に感じながら立ちます。両手をあげて、空から太陽の光をたっぷりと受け取ります（曇りでも雨でもイメージの力で）。太陽の光があなたの両手で光の玉になっていくことを想像し、頭頂からみぞおちまで集めます。みぞおちに手を当てて、吸う息で光のボールが輝きながら膨張し、吐く息でその光が各神経叢へ隈なく送り届けられるのを感じましょう。微笑みながら「ありがとう」と身体に声をかけます。火の明るい変容の質を感じましょう（図3—1参照）。

↓

光のパワーで障害を越えるダンス

第3チャクラの力を使ってパワフルに歩きます。あなたのみぞおちから、太陽の光がまるで盾のように、体の外へと放射されるのをイメージします。手からも光を放っています。目の前の障害（と思っていること）を、光の力が祓ってくれるのをイメージしながら、下半身に力を持って歩きましょう。「わたしはできる」と唱えながら、左右前後に、上に下に、あらゆる方向に、光で恐れや不安を押し出し、誇らしげに進みましょう（図3—2参照）。

〔図３－１　太陽ピカピカ〕

〔図３－２　光のパワーで障害を越えるダンス〕

第4チャクラ―発達基礎年齢4歳〜7歳（定着年齢21歳〜28歳）

声明・わたしは希望を想像できる。わたしは無条件に愛する。わたしは無条件に愛される。

ハートの光を満たす

重心をしっかり足に感じながら立ちます。ハートに手をあてます。両足の裏から地球の愛と光、頭頂から宇宙の愛と光が流れ込むのをイメージしましょう。吸ってそれらをハートで1つにします。意図の力で、ハートの小さな光がどんどん大きくなるのを感じます。

吸う息で両腕を開き、吐く息で閉じたりして、肩甲骨に折りたたんでいた美しいあなたの羽を、すこしずつ開いていきましょう。顎をゆるめ、吐く息で「ハーーー」とやさしく声を出し、その息と羽の動きが、あなたの周りにやさしい風を生み出すのを感じます。

自由なハートの羽ダンス

鳥のように自由に、どこまでも、飛ぶように動いてみてください。イメージの中で、あなたのインナーチャイルドといっしょに行ってみましょう。あなたのハートから美しい愛の呼吸が空間を満たし、取り巻く風やオーラの光を感じながら、うっとりと夢見るようにダンスします。十分に楽しんだら、ゆっくりと羽をたたんでハートに手を当て「わたしはあるがままの自他を愛します」と唱えましょう。

〔図４　ハートを満たす～自由なハートの羽ダンス〕

第5チャクラ─発達基礎年齢7歳〜12歳（定着年齢28歳〜35歳）

声明・わたしは表現する。わたしは真実を話す。内なる声を聞く。わたしは許します。

ブロック浄化

舌を上あごに充てて、喉に意識を向けながら呼吸します。首を右回り、左回りにそれぞれ5〜10回ほど回します。俯くときに吐いて後方で吸います（ゆっくり行いましょう）。

自分の魂を声にのせる

頭頂からの光を喉に降ろし、下位のチャクラを喉に引き上げます。美しく澄み渡ったスカイブルーの宝石が喉で光り輝いているのを見ます。

さあ、喉を開いてあなたの声を発してみましょう。力強く、自由に響かせます。好きな音でいろいろ試してみてください。

〔図５　ブロック浄化
～自分の魂を声にのせる〕

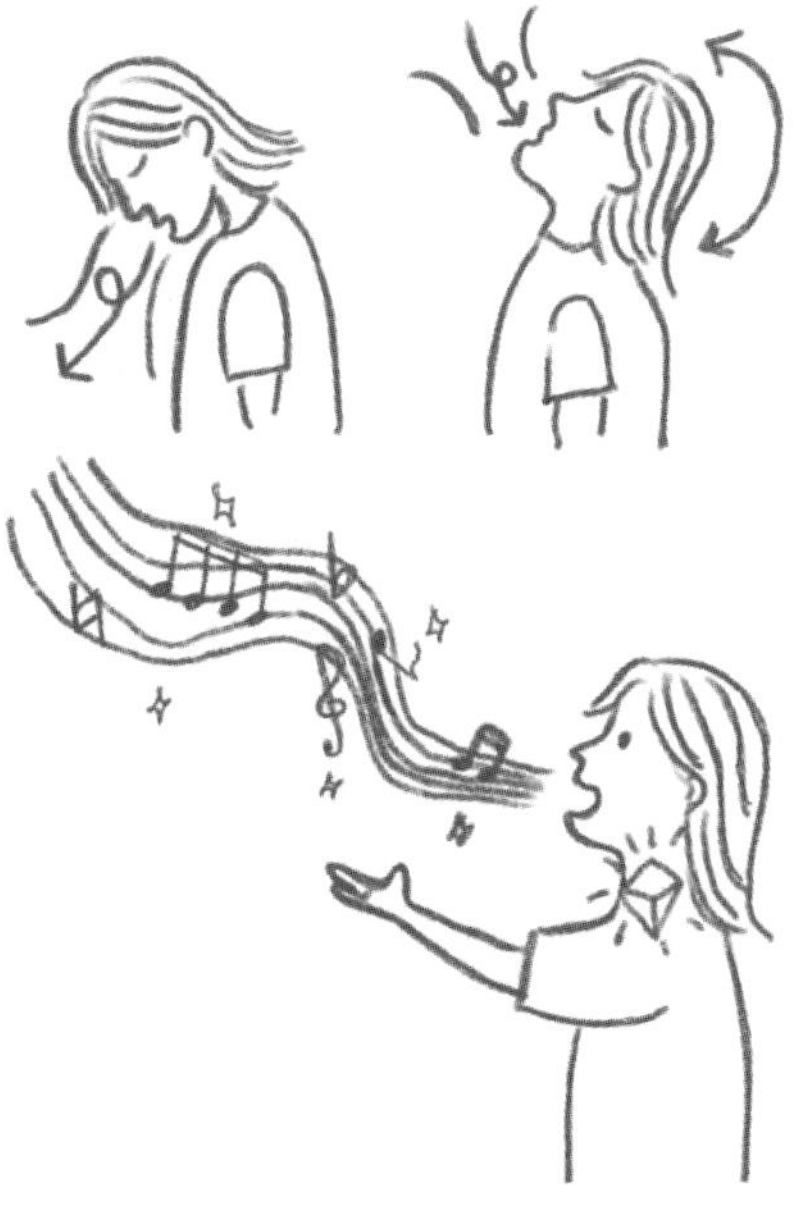

第6チャクラー発達基礎年齢思春期（定着年齢35歳〜42歳）

声明・わたしはインスピレーション。わたしは真実を見る。わたしは光。

高次の自分とつながる

左手の中指で眉間の少し上辺りをマッサージします。次に、眉間から光を吸い込んで脳を光で満たし、目を右回り、左回りにそれぞれ5回ほど動かし、光を脳の中央へ集めます。

再び眉間から光を吸ったり吐いたりしながら、すべての振動のはじまりである音「ＯＭ（オーム）」を唱え、浄化します。

好きなだけ行ったら、全身にその振動の余韻を感じます。深淵な静けさの中で「わたしは光」と唱えます。高次のあなたとつながります。

〔図6　高次の自分とつながる〕

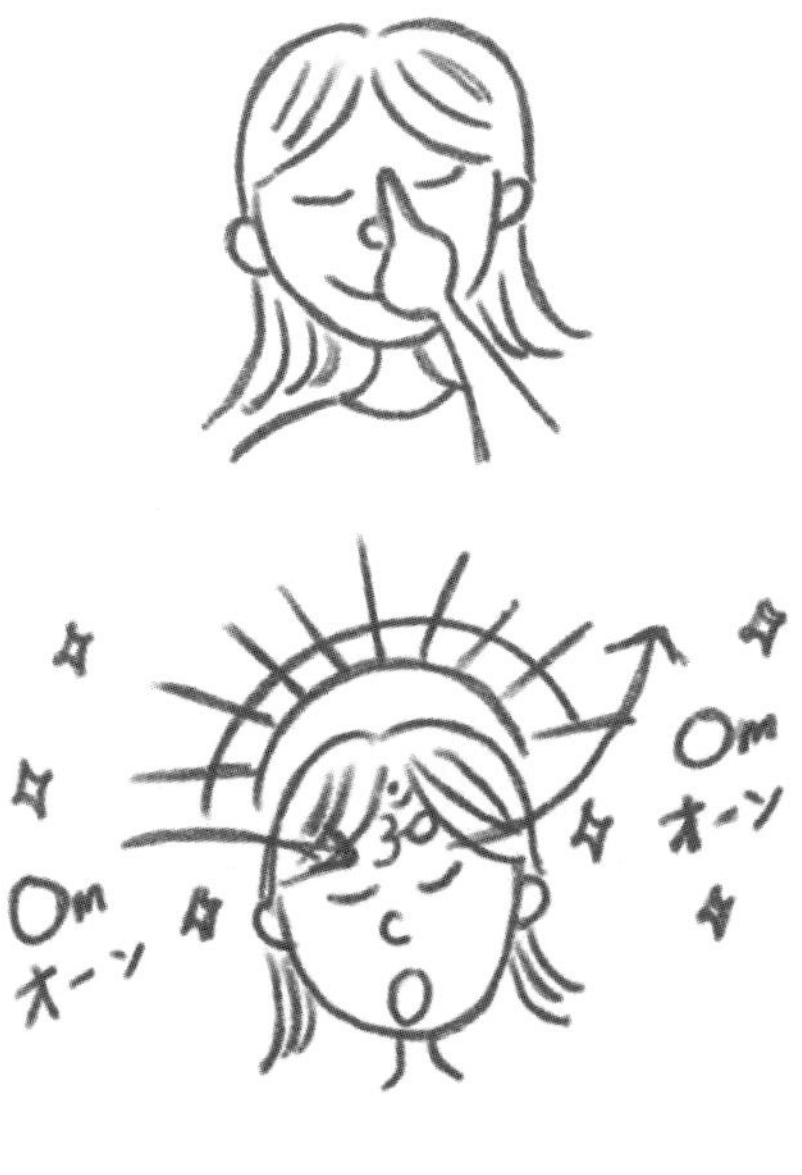

第7チャクラ－発達年齢0歳～思春期統合（定着年齢42歳～49歳）
声明・わたしは無限の可能性。わたしは宇宙の叡知。わたしは神々の愛の象徴。

虹色の橋を架けるエクササイズ

息を吸いながら両手を上げ、「ありがとう」と天から光をたっぷり受け取り、吐いて、腕で虹を描くように、手を伸ばしたまま前屈します。膝を曲げても構いません。お腹と太ももをつけて、背中が丸まらないようにしましょう。

手のひらを床につけます。「ありがとう」と地球に感謝を送りましょう。吸う息で手をのばしたまま上半身を起こし、動作を5回～10回ほどくりかえします。脊柱が光でデトックスされ、どんどんきれいになっていくのを感じましょう。

↓

虹色の光を放つダンス

地球の中心に立っているあなたをイメージします。両手の親指と小指をつけて王冠をつくり、頭の上にのせます。王冠に、宇宙の源から光をたっぷり受け取りましょう。

その光をハートの前に降ろし、両手を使って、あなたのハートから、虹色の光、愛、平和、調和を地球のあらゆる方向へ与えます。ゆったり回転しながら行うとよいでしょう。あなたの好きな声明を唱えましょう（図7）。

〔図7　虹色の光を放つダンス〕

第6章　小さなあなたに毎日愛を与えましょう！「習慣STEP4」

1. 大人のあなたが小さなあなたにできること

小さなあなたは毎日お母さんの注目と愛を必要としている

ここまで読み進めてこられた方は、内側に意識を向けることにずいぶん慣れてきたことでしょう。と同時に、小さなあなたは、大人のあなたのことを「自分を守り、愛してくれる唯一の大人」だと信頼しはじめているのではないでしょうか。

さあ、ここからが本番です。ほやほやな信頼関係を、強固なものにしていくことではじめて、自分を感じること、表現することに許可が出せるようになっていくからです。小さな子供が、毎日毎日お母さんのやさしい注目を必要としているように、インナーチャイルドもまた、大人のあなたを毎日求めています。

お花を元気に育てるように声をかけましょう

とはいっても、毎日声をかけること。意識することって面倒くさいなと思われませんか？　実はわたし自身が「そんなことできるわけない」と信じていた1人です。自分を感じることをずいぶん長い間やってこなかったので当然ですよね。だから、そんなに気負わなくても大丈夫です。少しずつの声かけが、あなたとインナーチャイルドの信頼関係を確実に育てていきますから。実際には、わたしたちの日常の中に、声をかけるタイミングが山ほどあることに驚かれるかもしれません。

インナーチャイルドがあなたに助けを求めているとき

わたしたちは実に様々な無意識の記憶に触れながら、日常を生きています。インナーチャイルドは過去に凍結された記憶を、たった１人で抱え込んでいますから、それはそれは大変です。だからこそ、大人のわたしたちが、その記憶を引き受けてあげなければなりません。

小さな子供は、守られ、受け入れられ、あるがままを愛される権利があります。知性も、身体能力も、アイデアも、大人のわたしたちのほうが勝っているのだということを自覚してくださいね。そのために、凍結された幼児性の欲求、抑圧された感情に触れたときに気づくことが、はじめのステップです。

サインの種類

サインは日常のありとあらゆる行動や思考、どうすることもできない反応や感情の中に見つけることができます。心の中に違和感を感じたときは要注意です。すぐさま小さなあなたに声をかけてあげましょう。「どんな気持ち？」「わたしが引き受けるよ」と。ここに、サインの一例をお伝えしますね。イライラ、焦り、自分や他人を責めたくなるとき、落ち込んだとき、誰かに期待するとき、期待に応えなければならないと思っているとき、自分が正しいのだと言いたくなったとき、身体が硬直したとき、呼吸が浅いとき、お腹が空いていないのに何かを食べたくなったとき、煙草に手を伸ばすとき、お酒を飲まずにはいられないとき、1人ぼっちだと感じるとき、本当の自分を愛してくれる人なんて誰もいないと感じるとき、迷っているとき、相手にわかってもらえないという苛立ち、不安なとき、思考のループにハマっているとき、認めてもらうために演じるとき、自分の存在に恥ずかしさを感じるとき、外見を飾ることでごまかしているとき、何も感じないとき…など。

これらは、小さなあなたが注目を求めているサインです。あなたにも思い当たる場面があるのではないでしょうか？

わたしはあなたのためにここにいるよ

サインに気づいたら、外に外に向いている意識を内側へと向けることからはじめましょう。そのためには、今の場所からそっと離れて、トイレに行ったり、自分の部屋に移動する必要があるかもしれません。静かにあなたの内側に意識を向けられる環境を用意しましょう。準備ができたら、自分のために3回呼吸をして、大人のあなたの中心意識へと入っていきます。

そうして、「○○ちゃん、教えてくれてありがとう」「わたしはあなたのためにここにいるよ」「あなたを愛しているよ」と。声を掛けます。反応が返ってくるのを待って、それがどんな言葉であっても、再び、「教えてくれてありがとう」。「わたしはあなたのためにここにいるよ」。「あなたを愛しているよ」。と声をかけます。

反応が「無」であるときも、「わからない」という言葉に対しても、「ありがとう」「わたしはあなたのためにここにいるよ」「愛しているよ」と声をかけます。例え、「ほっといて！」という言葉が聞こえたとしても。「大っ嫌い！」という言葉が聞こえたとしてもです。養育的な大人として、ハートを開き、インナーチャイルドを抱きしめましょう。

潜在意識のお掃除を日課に

このプロセスを完全にやろうと思わないでくださいね。それは目的ではありません。スッキリするためでも、答えを見つけるためでもなく、あなたがインナーチャイルドのために時間をつくって、愛をもってコミュニケーションをすることが重要なのです。

チャイルドの抱えている感情や思考の記憶を、大人のわたしたちが引き受けることで、潜在意識がきれいにお掃除されていきます。この声掛けについては「ありがとう」「ごめんなさい」「許してください」「愛しています」というハワイ伝統式のホ・オポノポノというヒーリング法を合わせておすすめします（巻末に文献を記載しています）。

2. すべての感情に許可をだす必要性

両親が感情表現のモデルだった

わたしは長い間、自分に怒りという感情はないと思っていました。怒りを表す人ははずかしく、レベルの低い人なのだと軽蔑していました。実はそれこそが、わたしのインナーチャイルドが生き抜くためにやってきたことで、怒りを「爆発的、破壊的なもの」と信じ、健康的な表現方法を学んでこなかったことが原因です。

すべての子供にとって、感情表現のはじめのモデルが、両親だということを考えてみて欲しいのです。あなたの両親は怒りをどのように表現していましたか？　あるいは表現せずにどのように抑え込んでいましたか？

インナーチャイルドは我慢しすぎることを学んでいる

もし、あなたの両親が怒りについて、一方が爆発的に表現し、一方が我慢する。あるいは一方の機嫌を損ねないようにご機嫌をとる、コントロールする。また、両方とも が激情的に表現する、というやり方だった場合、子供は怒りの適切な表現方法を学べません。また、心理的な関係性が乏しく、どちらも本当の気持ちをごまかしている。まったく感情を表現しない冷え切った関係性だった、という場合も同様です。健康的なコミュニケーションとは、お互いがお互いの感情を受け入れ、それでいて自分の感情についても話せる。たとえ相違があったとしても、双方の思いを尊重しながら解決していくというものです。

このようなコミュニケーションがなかった場合、子供は自分の感情に許可を出すことを学べません。それどころか、自分が本当の気持ちを感じたときに恥ずかしくなってしまい、湾曲した表現をしてしまうのです。

インナーチャイルドは、自分らしくあることよりも、いかにお母さんの期待に応えられるか、お父さんや周りの養育者の期待に応えられるかに注力していますので、自分の気持ちを抑えることを学んでいます。

感情は自分らしさを育てる道具

コミュニケーションの基盤が弱いので、それ以降も友人関係、恋人関係、あらゆる人間関係の中で自分に正直であることができず、上手くいきません。傷ついたインナーチャイルドが唯一自分を感じられるのは、1人でいるときだけです。同時に、「誰も本当のわたしを愛してくれない」という孤独、絶望も抱えています。

こういった場合、大人として成長し、親になったときに、子供に健全な感情表現のモデルを見せることは難しいでしょう。アダルトチルドレンが連鎖する理由はここにあります。お母さん自身、お父さん自身が、遠い昔に本当の自己を置き去りにしてしまったということです。

しかし本来、わたしたちはあらゆる感情を感じる可能性を持って生まれてきています。感情とは、自己を知るすぐれた道具でもあるからです。

大人のわたしはあなたを見捨てない

心理学者ユングが説いた「純粋な子供の型」は、ＤＮＡの型のようにわたしたちの中に存在し、とても情動豊かな資質を持っています。

幼児を観察してみてください。力の限り泣いたか思えば、数分後にはケラケラ笑って遊んでいる姿を発見できるでしょう。そんな風に、感情に「よい」「悪い」の区別はなく、抑圧されず、否定されず、そのものを感じることがＯＫなのだと体験できれば、自分らしさを成長させることができるのです。インナーチャイルドは、「本当の気持ちを感じてはいけない」と思っています。

ですから大人のあなたが、「自分の気持ちを感じていいんだよ。怒りを感じても、楽しい気持ちになっても、悲しくなっても、恐怖を感じても、涙を流しても、わたしは決してあなたを見捨てないからね」とくりかえし伝えてあげましょう。

今ここで、もう一度あなたの愛しいチャイルドに約束してあげて欲しいのです。「わたしはあなたのどんな気持ちも受け入れるよ」「許してあげるよ」と。そして約束通り、日常でどんなに受け入れ難い思いや感情が湧いてきても、寄り添い、愛を向け続けます。

♡ハートから声を掛けましょう
わたしはどんなあなたも見捨てません。
あなたの母となり、ケアし続けます。

3．小さなあなたの生き生きさに触れる

インナーチャイルドが幸せならあなたも幸せを感じられる

インナーチャイルドとは、切り離された人格の一部でしたね。自分のパーツですから、分離したままでは、自分を生きているという感覚、身体的な活力、やる気、幸せを感じることが希薄なのも納得できるのではないでしょうか？

ですから、ひとたび大人のあなたに愛され、癒されていくと、本当の欲求や感情を感じることが容易になってきます。次に紹介するワークはシンプルですが、とてもパワフルです。思わず笑顔がこぼれ、大人のあなたにも喜びの感覚を呼び覚ましてくれるでしょう。そして、小さなあなたの本来備えている生き生きさを、日常でも感じることができるようになります。

インナーチャイルドと遊ぶ

子供はエネルギッシュで疲れ知らず。あなたが何歳であっても、その生き生きさに触れることが

できますし、そのたびにあなたの内側でも、ワクワク、新鮮な喜びを体験できます。イメージの中でインナーチャイルドと遊んでみましょう。まず、あなたのハートの特別な場所にインナーチャイルドを呼びます。

今、どんな気持ち？　など、コミュニケーションをした後で、「いっしょに遊ばない？」と聞き、チャイルドがＯＫであれば「今わたしと何して遊びたい？」と聞きます。ポイントは、大人の自分の「こうであろう」という予測をできるだけ脇に置くことです。チャイルドは実にいろんな遊びを提案してくれます。お気に入りの遊びが見つかると、そればかりが続くときもあります。かけっこ、木登り、ブランコ、シャボン玉、風船遊び、龍に乗って空を飛ぶ、雲でトランポリンのように遊ぶ、お花摘み、芝生でゴロゴロする、など。

あるとき「綿菓子をつくりたい」とインスピレーションを受け取ったのですが、ハッと記憶が蘇ったのです。子供のころ、お金を入れるとザラメが飛んできて、それを割りばしに絡ませ、綿菓子をつくる機械があったことを。なかなかさせてもらえず、やりたい気持ちをグッと我慢していました。

この記憶は顕在意識では全く忘れていたことで、とても印象的でした。チャイルドといっしょに綿菓子をつくり、大人のわたしも嬉しい気持ちで満たされたのです。

このイメージワークでは、「小さな自分がこんなにも元気いっぱいで、キラキラしていたなんて思いもしませんでした」とびっくりされる方もいらっしゃいます。現実でも可能であれば、ぜひ時間をつくって遊んでみてください。

4.「生きている！」五感を呼び覚ます練習法

感覚を呼び覚ますとは

インナーチャイルドの傷つきにおける障害は、自分がどんな気持ちなのかわからないことや、身体的な感覚の鈍さとして現れます。一方で、自分という境界がないために、他人の感情を感じすぎてしまうのです。また、身体的な感覚が敏感すぎるという真逆の状態としてもあらわれます。

お客様や生徒さんの中に少なからずみられるケースが、感覚の麻痺です。インナーチャイルドが自分を守るために必死で感覚を閉ざしてしまっていることが、本来の生き生きとした五感までをギュッと閉ざしてしまうのでしょう。

今一度、生き生きとした感覚を呼び覚ます、簡単な方法をお伝えしますので、あなたのチャイルドといっしょに楽しんでみてください。

触れる

いろいろな触感のものを意識的に触ってみましょう。手のひらにはたくさんの神経が集約しています。東洋医学ではツボ、ヨガ哲学ではチャクラといわれる生命エネルギーのポイントも存在しますから、目をつぶって感覚を高めてみてもよいでしょう。

ザラザラした感じ。ふわふわした感じ。つるつるした感じ。それを言葉にして表現することも効果的です。

自分に優しく触れる

これもぜひトライしてみて欲しいです。おすすめは、入浴中です。湯船の中で、自分の身体がきれいになっていくのをイメージしながら、触れてみてください。とくに、性的なトラウマによって自分が汚れている感じがする人は、チャイルドをイメージの中で抱きしめながら行うとよいでしょう。やさしく微笑むことも忘れずにいましょうね。

パートナがいる人は、お互いに優しく触れ合いストロークを与えあうことができます。

匂う

できる限り自然そのものの匂いを堪能してみてください。くだものや、お花、葉っぱ、木の皮、おひさまの匂い、雨の匂い、海の匂い、風の匂い…ほかにもアロマやお香など（添加物の入っていないもの）を匂って、あなたのお気に入りを見つけてみるのもよいですね。

嗅覚は最も原始的な感覚ですから、感じるセンサーを高めてくれます。あなたにとって今どんな匂いが心地よいか、チャイルドと楽しんでくださいね。

味わう

普段何気なく食事をとっていることや、「とりあえず食べなきゃ」と慌ただしくかけこんだりしていませんか？　味覚は感じるチャクラに関係しています。食事をとるとき、ぜひゆっくり味わってみましょう。

食事は直接わたしたちの肉体や生命エネルギーに栄養をもたらしてくれます。地球の恩恵を感じながら、時間をかけて食べる機会を少しずつ取り入れてみましょう。

チャイルドに「いっしょにたべようね」と声をかけ、楽しむとよいです。

「感情」を感じる

「今この人はどんな気持ちだろう」。「何を思っているのだろう」。「機嫌が悪そう」。「励まさなきゃ」。

「助けなきゃ」。「自分が何か悪いことしたのか」。インナーチャイルドはいつも自分以外の大人（特にお母さん、お父さん、養育者）に意識を向けてきました。ついつい周りに向けてしまう意識を内側にもってこなければなりません。
「今、どんな気持ち？」問いかける習慣をつけてみてください。はじめはなかなか難しいかもしれませんが、問いかけることによって、自分の本当の感情を感じるセンサーが開いていきます。

耳を澄ます

まず、聞こえてくる音1つひとつを丁寧に感じ取っていきます。はじめは自分の半径1メートルぐらいのところから、だんだん広げていきます。そうしたらまた意識を戻して、今度はあなたの身体の中の音を探求していきましょう。心臓の音、各臓器の音、血液の流れる音、ナーディー（気道や経絡）の音、各チャクラの音、内なる音に耳を澄ませます。
また、チャイルドといっしょに、お気に入りの音楽をみつけ、その音楽がどんな気持ちを動かすかについても探求していきましょう。

美しいものを見る

植物や海、空、雲、など自然そのものの姿、動物たちや生まれたての赤ん坊のあるがままの姿を眺めてみましょう。朝日、夕日、月や星を眺めるのもいいですね。その中にあなたの存在の美しさをもみることができます。また、自然の色を呼吸することで、その色の栄養が心や身体を満たしていきます。身近にある色でも大丈夫です。

色彩心理学でも、色がわたしたちの心身に与える効能が研究されています。今のあなたが好きな色、または欲している色は何でしょう？　そんなことを意識しながら感覚を開いていきましょう。

5. 乳児期（0歳）のあなたを満たす子守唄エクササイズ

子守唄で心理的ストロークを無意識深く根づかせる

生徒さんとインナーチャイルド癒しと再生プログラムを進める中で、一番印象的だったプログラムは？　という問いに「乳児期」をあげる方は多いです。しかし、不思議に思いませんか？　乳児期の記憶をはっきりもっている人は少ないと思います。中には、このころの記憶を顕在意識でも覚えている人はいますが、大体はぼんやりした記憶か、全く覚えていないかでしょう。

しかし、はっきりとした記憶がなくても、乳児期の環境や体験がわたしたちに与えている影響はとても深く無意識に根づいています。この時期の心理発達段階において、獲得しなければならない学びが、「自我」の土台になるものだからです。

乳児期欲求は、「生きるため」の本能的な欲求なので、ここが十分満たされてはじめて、「わたしは生きられるんだ」「わたしはこの世に歓迎されているんだ」「わたしはあるがままで価値がある存在なんだ」という心理的ストロークを獲得していきます。

乳児期のあなたに触れる

乳児期のインナーチャイルドに触れるには、お腹に宿っていたころの両親の関係性や環境、お母さんがどんな精神状態だったか、について考えてみるとよいでしょう。聞ける人は聞いてみてください。とくに、あなたの出生が望まれていたか、男の子、女の子、という期待があったか、金銭的な生活状態はどうだったか、どちらかがアルコールなどの依存症ではなかったか、などについて思いを巡らせてみてください。もし、その時期の自分の写真があれば、それを眺めながら、乳児期のあなたのエネルギーを感じてみましょう。無意識を信頼してください。感覚のセンサーを開きます。

子守唄を歌うー自分のインナーチャイルドに行うー

では、乳児期の自分をイメージの中で抱きしめながら、次の子守唄を歌ってあげましょう。できるかぎりのやさしさを込めて、ゆっくりと3回ほどくりかえしてみてください。

この歌詞の中には、乳児期の発達心理において必要な、心理的獲得を刷り込む言葉が含まれています。言葉は繰り返されることで無意識に根づいていきますが、声に出して歌うことで、聴覚も満たし、その振動は皮膚から筋肉へ、細胞へと浸透していきます。さらに、ト〜ン　ト〜ンと胸やお腹にリズミカルにタッチすることで、より深い意識状態（言葉を無意識が受け入れやすい状態）へと入っていきますので、歌のリズムに合わせてご自身の身体に触れながら歌いましょう。

ペア、お子さんに行う場合

やさしく微笑みながら瞳をしっかり見つめてあげましょう。ト～ン　ト～ンとお腹やハートをタッチします（ペアワークのときはお互いに尊重して決めましょう）。受け取る人は筋肉を緩め、ただゆだね、受け取ります。

乳児期のインナーチャイルドを満たす子守唄

1. ねんねん　ころりよ　おころりよ
○○ちゃん（くん）が　居てくれて　うれしいよ

2. ねんねん　ころりよ　おころりよ
○○ちゃん（くん）の　ために　ここに居るよ

3. ねんねん　ころりよ　おころりよ
○○ちゃん（くん）の　そのまま　愛してる

―江戸の子守唄ねんねんころりよ初めの8小節のフレーズに合わせて歌います。

このエクササイズは、できれば毎日、21日間（無意識に根づかせるため）続けて行ってみてください。

6．癒しと再生を加速する魔法の声かけと日々のケア

栄養をたっぷり与えてあげましょう

各発達年齢ごとに必要な心理的学習があります。それは、本当の自己を発達させる養育的な内容です。

あなたがここまで時間をかけて面倒をみてきたインナーチャイルドが、あたらしい概念を学ぶことで、本当の自己を感じること、表現することに積極的になっていくでしょう。

ジョン・ブラッドショー著『インナーチャイルド』（NHK出版）のオリジナルペインエクササイズを参考にまとめています。この言葉をどれだけ吸収できるかは、大人のあなたがインナーチャイルドのあらゆる側面を、どれだけ受け入れてきたかにもよります。これらの言葉は、子育て中にも役立ちます。しかしお母さんは、まず、自分のインナーチャイルドに栄養を与えることを優先してくださいね。無意識に定着するにはくりかえしが必要です。

声かけワーク

目をつぶって、あなたの平和な場所に、各発達年齢のチャイルドを招きます。声をかけてあげましょう。お腹や胸にやさしく手を当てると、より深く感じられます。

0歳のチャイルドへ

○○ちゃん（くん）、あなたに出会えてわたしは（僕は）とてもうれしいよ。
あなたの欲求はすべてOKです。
わたしはあなたのそばにいて、お世話をします。あなたには安心できる場所があります。○○ちゃん（くん）は特別な存在です。

3歳までのチャイルドへ

わたしはあるがままのあなたを愛しています。嫌だと言ってもいいよ。泣いても、怒っても、恐がっても、悲しんでも、失敗しても、わたしはあなたを決して見捨てない。うれしくなってもいいよ！　あなたが感じる気持ちや感覚はすべてOKです。あなたを尊重し、わたしがあなたの面倒をみます。

3歳から6歳のチャイルドへ

あなたが自分のことを感じたり考えたりするのは、いいことだよ。あなたが性に興味を持つのは自然なことです。わたしはあなたの性を認めます。こうなりたいって想像することは素敵なことだよ。お父さんのことやお母さんのことは小さなあなたに責任はありません。わからないときはたくさん質問してもいいんだよ。あなたが自分の力を試すときに、わたしはサポートします。

6歳から13歳のチャイルドへ

あなたは自分のやり方で学んでいいんだよ。自分が決めたことだけに、責任をもってやり遂げるパワーがあります。あなたは他の誰かと比べられない大切な存在です。あなたが得意なことや、楽しくなること、好きなことにチャレンジしていいんだよ。あなたは希望をもって、自分の望むものを手に入れることができます。わたしはあなたを許し、無条件に愛します。

これらの声掛けで、チャイルドから感じるフィーリングや、あなたに言いたいことなど、何でも聞いてあげてくださいね。

日々のインナーチャイルドのケア

身体を丁寧に洗う

疲れが溜まっているなと感じるとき、実際にインナーチャイルドは、たくさんの感情や思考を抱えきれずにいます。イメージの中で丁寧に身体を洗ってあげましょう。微笑みを忘れずにいてください。その後やさしく身体を拭いて、チャイルドにどんな服を着たいかを聞き、それを着せてあげます。

あなたが身体を洗うときにも、チャイルドに声をかけながら丁寧に行うことができます。

1日に何度も声をかける

朝起きたとき、「おはよう！　今日もありがとう。愛しているよ」「今日はこんなことをして、こんな所に行って、誰々に会うよ」。予定を変更するとき「急に変更してごめんね」。仕事の合間、トイレで、モヤモヤしたとき、誰かを責めたくなったとき、自分を否定するとき、その他必要を感じたとき、「どんな気持ち？」「どうしたい？」などと声を掛けます。また、「いっしょに食べよう」、「いっしょに歩こう」、「いっしょに選ぼう」などはチャイルドがとても喜ぶ声かけです。

感情にラベル（名前）をつけて表現する

わたしたちの凍結された感情は、爆発的な威力を持っています。安全を確保して、悲しみ、恐れ、怒り、絶望、喜び、自信、楽しさ、幸せ、安心など、１つひとつの感情にピッタリな身体の表現をし、解放していきます。

感情と思考の区別ができるように、声をあげてもよいです。感情ワークのときは、ネガティブな感情だけではなく、ポジティブな感情もワークしましょう。終了後は静かに横になったり、身体をさすったりしてヒーリングの時間をとってくださいね。

感情を色と形で自由に描く

生徒さんに人気のエクササイズです。自分の気持ちを言葉で表現するのが苦手な方は多いのですが、感情につながって、色や形で思い存分描くことでエネルギーの動きを感じたり、あらゆる感情に許可を出すことが容易になるようです。

音楽を感じて自由に身体を動かす

いろんなジャンルの音楽を心や身体で感じ、自由に身体を動かします。インナーチャイルドは、自分らしくあることをNOとされ、正しくやることを学んでいますので、はじめははずかしい感情が出てくるほうが多いのです。心が解放されるにつれ、身体の動きにも自由と柔軟性が現れます。

7. 何でもない時間を楽しむことが人生を豊かにする

何でもないことの中に可能性の種が隠されている!

インナーチャイルドは条件づけされた愛を学んでいますので、ただあるがままでいることがとても難しいのです。誰かの役に立っていること。達成していること。役割をこなすこと。ちゃんとできること。自分が価値を感じられる行動に、その反動に、「何もしたくない」という状態になってしまいます。そして、「何でもない時間を楽しむ」とか、「遊ぶ」ということは苦手です。それどころか、遊ぶことに罪悪感を感じてしまう人や、そもそも何の目的をもたず遊ぶ、ということすら思いつきません。わたしもそうですが、意識していないとついつい「やるべきことをこなす」ために精一杯になってしまいます。

何でもない時間を楽しむレッスン

「なにもしない」というと、「それなら簡単」と思う人もいらっしゃるかもしれませんが、「SNSを見続ける」とか「寝る」とか「テレビをぼーっと見る」という状態ではなく、本当に何もしないで横になったり、休んだりすることです。ただ座って、空を眺めたり、木々を見つめたりしてもいいですね。「何もしない」というのは意外に難しいものです。しかし、何もしないことにソワソワしたときこそチャンスです。その心の動きや思考に、ただ気づいてみてください。本当のあなたは何を望んでいるのでしょう。

子供のときに好きだったことをやってみる

あなたが子供のとき、夢中になってついついのめり込んでいたものはなんでしょうか？　馬鹿げていると思われるかもしれませんが、1日少しの時間をつくって、やってみてください。あなたに命の活力や喜びの感覚をもたらしてくれるでしょう。

例えばわたしは盆踊りが大好きでした。屋台には目もくれず、お手本となる人を見つけ、後について真似しながら覚えるのです。身体に馴染んでくるとますます楽しくなってきて、終了時間になるまで踊っていました。輪になって、みんなで踊っている、それがわたしにとってすごく楽しくて、いつまでもこの時間が続けばいいのにと思っていました。

インナーチャイルドの癒し過程でわたしはこのことを思い出し、片っ端からダンスを探したのです。そうして出会ったのがバイタルダンスでした。パトリシア・マルテーロによるダンスメソッドで、音楽による自然発生的な動きを軸にし、自由に踊る。自分を探求するだけでなく、他者と平和、喜び、愛を体験できるすばらしいダンスです。

生徒さんに身体セラピーを経験していただくのは、身体の動きがわたしたちの心や思考、スピリットにまでよい作用をもたらし、本来の健康的でマインドフルな状態へ導いてくれるからです。大好きではじめたことが、結果、インナーチャイルドの統合的な癒し過程には、外せないプログラムになっています。

あなたにもきっとあるはずです。なんのゴールも設定しないで、ただ、夢中になってやってみてください。実はそこに、今をよりよく生きていくヒントやアイデアなどがたくさん詰まっています。

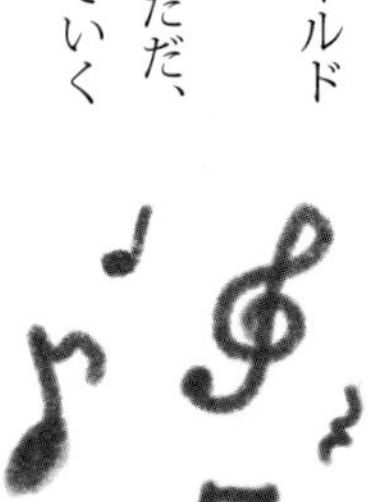

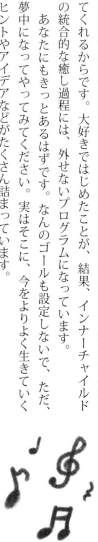

第7章　あなたを通じて家系全体へ、世界へ光を灯す「習慣STEP5」

1. 親を許せないあなたへ

「許す」「許せない」に囚われなくても大丈夫

親子関係というのは永遠のテーマではないでしょうか。親を許せない自分が嫌で「許さなければ」と思っていても、実際に親と会うと感情が爆発したり、傷ついたり…親を思う気持ちはあるのに上手くコミュニケーションできずに悩んでいらっしゃる方がいます。

一方では、「許せなくっていい！」「わたしはわたし！」などと開き直って関係を断ち切ったりされる方もいらっしゃいます。

実は、これは後者のほうも、インナーチャイルドの傷つきによる反応であることがわかります。「許さなければ」「許さなくていい」この両極端な思考こそが、インナーチャイルド独特のものだからです。どちらも自由ではなく囚われている状態です。

わかってあげるのは大人のあなた

そこから、本当は、どんな気持ちなのか？　また何を欲しているのか？

チャイルドに寄り添うことができます。おそらくそれは「わかって欲しい」「愛して欲しい」「認めて欲しい」そんなシンプルな欲求かもしれません。でも欲しかったそれらは、もう過去に叶わなかったことで、インナーチャイルドは時が経ってもずっとその痛みを抱えているのです。

つまり、トラウマの脳のプログラムに触れている状態ですね。こういうときは大人の姿をした子供そのものになっています。子供にこれを解決することはできません。だからこそ、大人のあなたが存在しなければならないのです。

深呼吸３つ、大人のあなたのハートに入る

過去の反応から切り離すためには、「深呼吸３つ」と覚えていてください。こうして、外に向いている意識を内側に向けることができます。大人のあなたのハートに入って、インナーチャイルドの気持ちを受け入れてあげることができるのです。

・教えてくれて「ありがとう」
・うんうん。「さびしい気持ちだね」「怒ってるんだね」「恐いんだね」
・わたしがあなたの思いを「受け止めるよ」
・わたしが「愛しているよ」
・わたしが「認めているよ」

根気よく働きかけることで、インナーチャイルドは新しい親であるあなたを信頼するようになります。もちろん、上手くいかないときがあっても、そんな自分に気づき、許しを与え、続けましょう。
深呼吸３つ　覚えていてくださいね。

親を受け入れたとき、あなたの人生がはじまる

わたしたちの命は曼陀羅のように続いており、どこかを切り取ってしまったら、この世に存在することはなかったのです。あなたが生きている。それだけで、遺伝子には両親、祖父母、曾祖父母、先祖の情報が含まれており、そこには膨大な記憶のデータが存在します。自分のルーツである両親を受け入れ、感謝する。それは、引き継がれてきた自分の命を祝福することに他なりません。

あなたが自分を愛し、癒しをもたらすことは、祖先が抱えてきた痛みや苦しみに、愛と癒しをもたらすことであり、人類全体の進化へとつながるものなのです。しかし、わたしも、母のあるがままを受け入れることができずに苦しんでいた1人でした。母を目の前にすると、「認めてもらえない」「否定されている」という感覚にスイッチが入り、特に、「母を幸せにできない」という罪悪感は中核にある恥の意識でもあり、触れるたびに怒りとして表出されていました。

チャイルドを愛し、親に対する期待を手放す

わたしは母とのコミュニケーションの中で、内側に反応が起こるたびにチャイルドを発見し、チャイルドが抱えている重荷を引き受けるようになりました。「さびしさ」「恐れ」「怒り」。どこかでお母さんが変わってくれるんじゃないか、すべてを肯定してくれて、理想の母親になってくれるんじゃないか、というように、様々な期待も抱えていました。

1つひとつ、これらに寄り添い、愛を向け、手放していきました。時に情動に負けることもあり、

根気のいる作業でしたが、母の人生をまるごと尊重できるようになったのです。母の人生は母のもの。長い期間を要しましたが、母を目の前にしても反応が弱くなりました。

あなたは自由になれます

母を助けることができなかった、と恥の意識を感じているチャイルドに寄り添い、声をかけ続け、わたしは、自由になりました。不思議なもので、親を忌み嫌い、避けている間は、境界線のない纏綿状態なのですが、受け入れることで境界線が引けるようになり、自己を取り戻すことができるのです。長い時間かけてインナーチャイルドを愛する価値ははかりしれないでしょう。

ある生徒さんがおっしゃっていたことが記憶に残っています。インナーチャイルドの癒しの中で一番の財産は「両親を大好きと言えるようになったことです」と。その生徒さんのご両親はもう他界されていたのですが、つながりというのは、肉体があってもなくても変わらず続いているのですね。あなたもぜひ、自分の幸せのために、インナーチャイルドを愛し続けることをおすすめします。

2. 両親のインナーチャイルドについて

生きづらさはあなたからはじまったものではない

自分に対して理解ができるようになると、今度は両親に対して深く理解できるようになっていきます。あなたの両親は、親になるまでに、すでに本当の自己というものを置き去りにしてきた可能性があるからです。

「長い間、自分が空っぽだという感覚があったのですが（インナーチャイルドの癒しの中で）いつの間にか埋まっていました」と言われた生徒さんの言葉が、とてもわかりやすい例です。

まず、あなたの親が「自己」という中心の空っぽのまま大人になり、親になったとすると、この空っぽを埋めるために、役割に固執し続けなければなりません。そうすると、子供のあるがままを肯定するより、期待に応えることを要求し続けることになります。こうして、インナーチャイルドは連鎖されていくのです。

つまり、あなたの両親もまた、傷ついたインナーチャイルドを抱えたまま大人になり、親になってしまったかもしれないということです。もちろん両親も、初めからそうであったのではなく、自分の両親（あなたの祖父母）の痛みを感じ取り、期待に応えなければ生きてはいけなかった結果、本当の自己というものを明け渡すしかなかったわけです。

ですから、両親を深く理解し、あなたがインナーチャイルドをケアすることは、家系に光をもたらすことでもあるのです。どうぞ誇りをもって進んでくださいね。

何のために生まれてきたのか

通常の思考ではなく、あなたの知っている部分＝無意識に聞いてみて欲しいのです。「わたしはなんのために生まれてきたのか？」

もちろん、すぐに答えが出なくても大丈夫です。「問いかける」という作業がポイントですから。無意識は問いかけに必ず答えるという性質を持っています。それはわたしたちが顕在意識で考えるよりもはるかに自由で、創造性や愛にあふれ、制限のない本質的なものです。誰しもが持ち合わせている、その無限の豊かさの中に問いかけてみることを、ぜひ習慣にしてみてください。

あなたは最善な両親を選んできたのです

あなたが生まれきた目的を遂行するためには、当然、他者の存在が必要になります。では、考えてみてください。その目的を遂行するために、最もふさわしい両親を選んできたのだとしたら…あるいは、自分の魂の成長のために、最善の両親を選んできたのだとしたら…あなたは今世で、何を学びたくて両親を選んだのでしょう？　きっと、あなたの両親でなければならなかった理由があるはずです。両親のよい面もそうでない面も、また違った視野で見つめることができるでしょう。

３．家系全体へ、世界へ光を灯す毎朝の祈り

感謝の祈り

長女が生まれてからある事件をきっかけに、わたしは神様というもの、自分以上に大きな存在を

深く信じるようになりました。意識していなくても、確かに守られている。助けられている。それから毎日感謝の祈りをするようになりました。25年間、形を変えながらも続けています。

なお、わたし自身は特定の宗教を信仰する立場ではないことを、ここにお伝えします。ただ、わたしにとって、祈りが自分の本質とつながる特別な時間になっているのです。中心に還る。ゼロになる。内なる平和。愛。そんな感覚で満たされるときです。

祈りのための特別な場所をつくる

今ではお仏壇がわたしの祈りの場所になっていますが、あなたにとって、聖なる場所をつくることをおすすめします。以前はタンスの上にお花やお香、お気に入りの石、ろうそくやお香と共に、亡くなった親の写真などを並べていました。

これから場所をつくる方は、できればこの世の成り立ちである四大元素＝地の質、火の質、水の質、風の質を連想させるものを置いてみましょう。それぞれ、あなたにとって気分を上げてくれる「お気に入り」を探してください。もちろん、そういった場所がなくても、あなたが落ち着ける部屋や椅子の上で静かに祈ることもできますから、今できる範囲で試してみましょう。

自分自身へ

朝起きてすぐ、ベッドの中で、自分自身におはようと言います。

チャイルドにおはようと言います。

今日もよろしくね。「ありがとう」「愛しています」。

まだ完全に目覚めていない意識＝思考の力が緩んでいる状態のときにかける言葉は、無意識に刷り込みやすく、願いや将来のビジョンなどを思い描くにも最適な時間です。

両親～ご先祖さまへ

ここからは特別な場所で行います。両手を胸の前で静かに合わせます。

お母さんとの記憶をクリーニングします。ありがとう。愛しています。

お父さんとの記憶をクリーニングします。ありがとう。愛しています。

（主人の）お母さんとの記憶をクリーニングします。ありがとう。愛しています。

（主人の）お父さんとの記憶をクリーリングします。ありがとう。愛しています。
○○家先祖代々のみなさまとの記憶をクリーニングします。ありがとう。愛しています。
※○○家では、主人の父方の姓、母方の姓、自分の父方の姓、母方の姓あわせて4つの家系について唱えています。
みなさんの魂が癒され、さらなる光と祝福と共におられることを祈ります。

みなさんから引き継がれた命を、幸せに生きることに使います。

みなさんから引き継がれた才能を活かしていきます。ありがとうございます。

家族へ

（主人）との記憶をクリーニングします。ありがとう。愛しています。

（子供たち1人ずつ）との記憶をクリーニングします。ありがとう。愛しています。

家族のつながりにおける記憶をクリーニングします。ありがとう。愛しています。さらに、周りの人々、場所、今日出会う人、乗り物、場所、扱う物（携帯電話やパソコン）にもクリーニングできます。

日本の神々へ

自分が住んでいる土地、日本という土地、ご縁があって住んでいる土地の神々に、感謝の気持ちを届けます。あなたがどの宗教を信仰されていても問題ありません。歴史的にも、日本の神々はあらゆる宗派を受け入れています。

なにより今ここに住まわせていただき、呼吸し、日本の地でとれた食物を食べ、排泄物を流しているのですから、宗教にかかわらず、日本の神々と非常につながりやすい資質を持っているのです。

今ここに感謝を送ることは、自分のアイデンティティの1つの柱を磨くことでもあるでしょう。さらに、あなたが信頼している神々やガイド、天使や精霊、ハイヤーセルフに感謝を届けます。わたしは祝詞やお経、マントラを唱えることも好きで続けていますが、すべてはあなたの思いのままに。

そして世界へ

今日1日わたしとの関係に平和を築きます。

わたしの大切な家族が平和でありますように。

（あなたのご縁のある人）が平和でありますように。

世界が平和でありますように。ありがとう。愛しています。

イメージの中でハートから放射状に光を３６０度放ってから、再び意識を引き寄せ、ハートに入ります。

4．どんなあなたもすばらしい

シャドーを愛することが幸せを招く

自分の欠点は、どうしても目につきやすいですよね。自分にできないことも、自分以外の人は平気でやっているように見えたり、自分は怠惰で、他の人はもっと頑張っているように思えたり…あるいは、自分が頑張っていると、頑張っていないように見える人が怠惰に思え、イライラしたり…。

無意識に人と比べてしまい、その中で優劣をつけてしまう自分がいませんか？

そんなときも深呼吸３つ。インナーチャイルドに意識を向けましょう。まだ光のあたっていない自己の一部に愛を向けることは、この世で最も尊い行為です。

全体性をもった自分になること

C・G・ユング心理学において、抑圧し、否定された無意識の領域にある自己を影（シャドー）といいます。無意識に追いやり、自分ではないものとしているため、意識できる領域で認識することができません。愛されることのなかったわたしたちのパーソナリティの一部なので、決して消え去ることはなく、自分ではないと切り離しても、影のように、どこまでもどこまでも追いかけてくるのです。それは、あなたに愛されたいから。あなたに受け入れてもらいたいから。

では、あなたにとって最も受け入れ難い自分は、一体どのような側面をもっているのでしょうか。

他者を通じて投影されるシャドーに気づく

わたしたちは、意識することでシャドーに気づき、愛と注目を与えることができるのです。シャドーは他者を通じて鏡のように投影されるので、嫌だと思う人、絶対好きになれないという人こそ、あなたが切り離し、押しやった人格を表しています。つまり、あなたを悩ませる原因は、他者の言動や出来事そのものではありません。あなたが否定し、抑圧した、自分に対する反応そのものなのです。

例えば、「我慢しなければいけない」とインナーチャイルドが決めていたとすると、「我慢しない」人格が抑圧されたシャドーになります。ですから、自分の好き勝手に思いのままを話し、行動する人に対して、嫌悪の気持ちを抱いたり、怒りを感じたりするのです。そんなとき、無意識下では、抑圧されたインナーチャイルドが「愛して欲しい」「認めて欲しい」と叫んでいます。

さあ、わたしたちにできることは、まず３回深呼吸をすることでしたね。

切り離されたシャドーの存在に気づき、愛し、癒しを与え、統合するチャンスです。ああ、教えてくれたのね。ありがとう。ずっとあなたはこの痛みを抱えていたんだね。ごめんね。大丈夫、わたしが引き受けるよ。と言って「ありがとう」「愛しているよ」と声をかけます。そうして、暗闇に押しやり、分離された自己が、全体性の一部として統合されていく過程は、なんとパワフルでしょう。握りしめていた痛みをあなたが認め、愛することでインナーチャイルドは癒され、自由になるのです。

晴れの日も雨の日も…生きている喜び

わたしたちが本当の自己を取り戻すということは「全体性」を持って生きるということです。

あなたは時に頑張ってもいいし、休みたいと思ったときに休んでもいいし、あなたらしい得意なことを見つけてもいいし、苦手なことがあってもいいのです。

気持ちが沈んだ日があっても、嬉しい日があってもいいのです。誰かと意見が違ったとしてしても、それでぶつかったとしても、解決へ向かっていけるのです。

失敗したら、悲しさや悔しさを感じてもいいし、嬉しいときは、喜んだり楽しくなってもいいのです。

自分の境界を侵害されたときは怒ってもいいのです。人に助けを求めてもいいし、誰かに助けを求められたら、そうしたいと思ったときに助けることもできるのです。わたしたちは自然の一部ですから、晴れの日や雨の日があって当然なように、気持ちや状況も日々変化するものです。しかし、どんなときも、あなたのハートに平和の光を灯すことができれば、全体性を持った、あらゆる選択が可能な自由を得られます。

♡ハートで受け取りましょう

あなたにはあらゆる選択をできる自由があります。

どんなあなたもすばらしい！

5．愛と喜びあふれるチャイルドから高次のあなたへつながる瞑想

あなたは一体誰なのでしょう？

いまあなたに直接お話を伺うことができませんが、ここまでの道のりはいかがでしたか？　ほんの少しでも、心に温かい光が灯ればうれしいです。インナーチャイルドとのつながりは、人間関係の土台ですが、そのほかにもありとあらゆる存在、形ある物、ないものとのつながりも深めてくれる最高のツールです。真我、物、場所、お金、仕事、自然、宇宙、神々…

わたしたちが普段思考している、ああでもない、こうでもない、こうしなきゃ、ああしなきゃ、これはダメ、これはいい、などという観念を自我（エゴ）としましょう。それは経験の中で人から言われたことやされたこと、聞いたこと、信じたことによって囚われている囲いのようなものです。

しかし、それらは本当のあなたでしょうか？　あなたは一体誰なのでしょう？　お腹に宿る以前のあなた。まだ名前もついていないあなた。肉体もなくただ存在するだけのあなた。

高次のあなたとつながる瞑想

これから、あなたの最も高い次元の自己（ハイヤーセルフ）につながる瞑想をご紹介します。あなたの純粋なチャイルドに橋渡ししてもらいましょう。自分の内側に入れる時間と環境を準備してくださいね。

純粋なチャイルドを招き入れる

椅子に浅く座り、両足を床につけて大地とのつながりを感じます。骨盤を立て、お腹が伸びているのを感じます。仙骨から背骨を１つずつ積み上げていきましょう。深呼吸を３回、自分のために導きます。

３回目の吐く息で肩の力もストーンと落としてリラックスしましょう。

再びあなたの呼吸のリズムを感じ取っていきます。

、呼吸のたびに膨らんだり凹んだりする、胸やお腹に意識を向けましょう。

身体は緩めたまま、少～しずつ、長く深く吐いて、自然に入ってくる空気を、お腹の底まで届けるイメージをします。

あなたの呼吸が宇宙の息吹のようにやさしく聞こえています。あなたの足の裏を通って、身体の中心へとながれる地球の愛と、頭頂から伸ばした管から流れる宇宙の愛の光を、あなたが欲しい分だけ受け取ります。しばらくこの感覚を味わいましょう。あなたの中心に流れる経路から身体の隅々まで、この愛と光をなじませるように呼吸します。

あなたのハートに聖なる特別な場所を用意して、純粋なチャイルドを招き入れましょう。しばらく、この光輝くチャイルドに触れて、その子の生き生きとしたエネルギーをたっぷり感じてください。姿、形、色…あなたが感じ取れるすべてを受け取ります。崇高で愛と喜びに満ちた子供の資質、本質的な自己とつながりましょう。十分に触れ合えたら「わたしのもっとも愛と叡知にあふれた高次の自己（ハイヤーセルフ）に会いましょう」と伝えます。

ハイヤーセルフにつながる

聖なる場所の一番高いところを見上げると、そこにハイヤーセルフの神々しい光が見えてきます。純粋なチャイルドがあなたの手を取り進んでいくにつれ、光からだんだんと姿が現れてきます。

では、目の前のハイヤーセルフとつながってください。あなたを一番よく知っている存在。あなたが自分の成長のために選んだ辛い経験も、あたたかく見守っていてくれていた存在。自分が誰であるか深く知っている愛にあふれた存在。「いつもありがとう。これまでありがとう。愛しています」。といって、触れて、抱きしめます。ただただあなたのことを愛している、その大いなる存在に身をゆだねてみてください。感じ取れる情報、自分に流れているこのすばらしい感覚を十分に受け取ります。

ハイヤーセルフに聞いてみましょう。「わたしは誰でしょう？　何のための生まれてきたのでしょうか？」。感覚を開きましょう。顕在意識のすべての思考、コントロール、疑いを手放し、無意識のインスピレーションを感じ取ります。言葉だけでなく、シンボル、アイテム、などで返ってくるかもしれません。また、色として、深い感情として、音やメロディーとして伝わる人もいます。何であってもよいのです。あなたの理解を超えて今確かに体験していることを信頼しましょう。

では、純粋なチャイルド、ハイヤーセルフとあなた、３人で抱きしめ合います。今３人が１つとなり光に包まれているのを感じましょう。

今世の過去をヒーリングする

純粋なチャイルドがクリスタルボールを見せてくれます。そこには生まれたてのあなたからはじまり、両親、兄弟姉妹、友人、先生、関わった人々、印象的な出来事が次々と映し出されています。今、あなたは自分を発見するために、それらがすべて必要だったのだと、深く気づくことができるかもしれません。あなたの両親をはじめ、多くの人が傷つきを抱えたインナーチャイルドだということを、深い理解をもって眺めてみましょう。あなたが傷つけられたと感じた人を、違う視点で眺めてみます。傷つき、抑圧されたシャドーを発見するために、あなたをもっと愛するために、身を挺してチャンスをくれたことに、感謝をもって手放します。

純粋なチャイルドの手の上にあなたの手を重ね、その上にハイヤーセルフの手が大きく包み込んでくれています。３人で、あなたの人生すべてに最大のヒーリングを送ります。呼吸を止めないようにしましょう。クリスタルボールに映る出来事が癒されていきます。

過去を光に変える

もし可能であればあなたは自分自身を許し、あなたを傷つけた人も許すと言いましょう。両親も許し、そして両親のインナーチャイルドに愛を送っています。もう一度、ありがとうといって、そのクリスタルボールをハイヤーセルフに渡します。ハイヤーセルフがそれらをさらに光に変え、しかるべき方法で、しかるべき場所へと送り届けてくれるのに任せましょう。許すことであなたは自由になれます。このすばらしい体験を、呼吸と共に心臓に満たしていきます。さらに、ポンプのように全身へ送り届けましょう。あなたはずっと１人ではなかったのです。あなたを愛してくれている存在達を感じましょう。

では、すばらしい感覚を残したまま、大きく1つ深呼吸しましょう。足先から力が突き上げてくるのを感じます。お腹もエネルギーで満ちています。上半身にも、腕にも、指先にも力が満ちています。意識を頭の中心に向けて、すっきりと目覚めましょう！

おめでとう！

ようこそ、あなたの人生へ

今の体験を絵に書いてみましょう

このワークも、くりかえし行うことで体験が深まっていくでしょう。生徒さんにとって、この瞑想で得たハイヤーセルフとのつながりは、後々続く安心感や自信になっているようです。「自分が本当に愛と光の存在だったんだ」と実感された方もいらっしゃいました。

できれば、今の体験を絵に書いてみましょう。絵に書くことで、潜在意識と顕在意識の橋渡しとなり、瞑想中には気づかなかったインスピレーションを得られます。

♡ハートから唱えましょう

これまでのわたしの人生すべて、出会った人すべて、出来

事に感謝します。

ありがとう。愛しています。

わたしは内なる平和の光を灯し続けます。

あなたの人生すべてが癒され、愛と喜びで満ちますように。わたしからも祝福と感謝を送ります。

6．個を超えたあなたの存在とは

無意識から変化を起こすために

わたしたちの無意識というのは、膨大な情報が記録されていることはすでにお話ししました。そして、わたしたちは無意識で信じていることを、遂行しているに過ぎないのだということも。だからこそ、無意識に意識的になることで、人生の軸を自分で握っていくことができるのです。

最新の心理学である神経言語プログラミング（ＮＬＰ）のモデルとなっているのが、意識のニューロロジカルレベルです。わたしたちの意識階層は、自分が何者かという「自己認識」が変われば「価値観」が変わり、価値観が変われば「才能」をどうやって活かすかがわかり、どうやって活かすかがわかれば「行動」が変わり、行動が変わることで「結果（今）」が変わるという仕組みになっています。

ここからも、行動を生み出す影響を与えているのが無意識であるとわかります。そして、意識階層の頂点は、個を超えたスピリチュアルな自分です。ですからあなたもぜひ、この頂点をイメージしてみて欲しいのです。生徒さんとこのワークをする回はいつもワクワク高揚します。なぜなら、本当は1人ひとりがそれぞれに自分の本質を知っていて、導き出される瞬間に、顔やオーラがパッと明るくなるのを感じるからです。

個を超えたあなたを導き出すワーク

「あなたが個を超えた存在とすると、自分の周りに、この世界に、どんな影響を与えられるのでしょうか？」できる限り、今の自分の制限や枠を広げみてくださいね。今できることやできないこと、環境、お金、年齢…様々な制約を一度手放してみるのです。誰も傷つきませんし、笑う人もいませんから遠慮しないでください。意識の頂点が変わることで結果が変わるのですから、遊び心を存分にもっていいのです。書き出したら、それらをまとめて連想される「象徴的な存在」を導き出してみましょう。

ハートから宣言をしましょう

このワークによって、最終的に導き出される答えは、実に様々です。「アマテラスの光」「優しさに満ちた月」「マリア様のような慈愛」「幸せをもたらす魔法使い」「愛の女神」とか…抽象度が高ければ高いほどよいのですが、誰1人同じ回答がないのが不思議なくらいです。わたしたち1人ひとりの存在が、誰と比べることもできないすばらしいものだという証でしょう。

そして宣言した途端、波動が瞬く間に上がります。魂に触れ、涙がこぼれる人もいます。ゾクゾクっと感じる人もいます。本質的な部分を無意識は知っているのでしょう。

例え今の状況がどうあったとしても、それは確かにあるものとして存在するのです。あなたがハイヤーセルフから感じ取った感覚に近いかもしれませんね。イメージできたらぜひ、書き記して、言葉に出して宣言してみてください。ハートから声を出すのがコツです。とてもはずかしくて人に言えない。けどなんだか懐かしい。あたたかい。至福。ワクワク。じんわり。そんな感覚を引き出すのであれば、それはあなたの本質的な部分である可能性が大きいです。

♡ハートから唱えましょう

わたしは○○○○○の（ような）存在です。

○○○○○のような存在のあなたは、日々何を大切にしているでしょう？　どんな才能を活かしているでしょう？　どんな人に囲まれ、毎日どのように過ごしているでしょう？　あなたの経験や才能を最大限に生かすためには、今の自分ではなく、ワークで導き出した、最も高い自己の視点から導き出すことです。その存在になりきって、楽しくイメージしてみてくださいね。

♡ハートで受け取りましょう

あなたは無限の可能性です。

7．インナーチャイルドの癒しを重ねた生徒さんの声

ここに、インナーチャイルドの癒しを重ね、セラピスト資格を取得された生徒さんの変化の道のりを紹介します。あなたの未来にインスピレーションがもたらされますように。

心の根っこの声を聞く木音〜ｋｏｎｏｎ〜　石山裕美さん
〜自分に愛を向けていくことが個人の幸せ全体の幸せ世界の平和につながる〜

自身のインナーチャイルドをもっと深く癒し、それを多くの人に伝えたいと考えていたときに、こずえ先生のインナーチャイルドセラピスト養成講座に出会いました。

この講座は、インナーチャイルドや自分自身へ向ける愛に溢れているものでした。そして、それまで以上に深くインナーチャイルドの根っこまで癒していくワークがいっぱいで、理論も納得いくものばかりでした。さらに潜在意識につながってインナーチャイルドを癒やしていく先生の愛が溢れるセラピーは圧巻でした。初めてのセラピーでわたしは、自分が今生の人生で何を望んでいるの

かがわかりました。

それからこつこつとチャイルドを癒していくうちに、家族との関係がよくなり、自分の情熱を何に使いたいのかがわかってきました。すると、自分の中に平安と喜びが溢れるようになりました。インナーチャイルドセラピストになる！　と決めたのはこのときで、こずえ先生との出会いがあったお陰です。今はインナーチャイルドセラピストとして活動をしています。

わたしのところに来てくださるクライアントさんは、子供のことで悩んでいる方が多く、母親として自分がどう変わっていくと子供のためになるのか試行錯誤し、いろいろ試した結果、自分の内面を見つめることやインナーチャイルドを癒すことが必要だと気づいてセラピーを受けにいらしています。

セラピー後、皆様がたくさんの気づきを得て、今まで以上に子供や家族に愛を注ぎ、ご自身へも少しずつ愛を向けていこうとしている姿勢に感動いたします。

インナーチャイルドの学びはわたしに多くのことを教えてくれました。心の中に傷ついた部分があることを。それを癒していくことで新しい自分に出会えるということを。

今後は、セラピーはもちろん、自分自身でインナーチャイルドを癒すために必要な知識を伝えることや癒しのワーク、インナーチャイルドの声を聴く傾聴にも力を入れていくつもりです。そして、これからもＳＮＳ等で、自分に愛を向けていくことが個人の幸せ、全体の幸せ、それが世界の平和につながることを発信し続けていきます。

陽のあたるセラピースペース主宰　セラピスト清水順子さん
～自分自身と真に信頼を結ぶかけがえのない自己愛セラピー～

本当の自分を感じ、しっくりしていらっしゃいますか？　以前のわたしは自分のことがわからず、本当の自分とは程遠いところにいました。仕事でやったと思っていた腰をきっかけに初めてカラダとココロとじっくり向き合うことになりました。腰の痛みは幼い頃、傷ついたままのインナーチャイルドと深～く関係がありました。

わたしにとってインナーチャイルドの探求はココロの基盤を見つめ直し、本当の自分になっていく、自分で自分を大切にしていくプロセスとなりました。わたしのインナーチャイルドは母がわたしを身ごもっているときからはじまっていました。母の心身の状態を全身で感知していました。母の大変な状況から、自分がいることは迷惑なのではと、自身を否定するココロの基盤をつくっていたことがわかりました。その基盤を指針として、困難を経て産まれてから、インナーチャイルドセラピーを経て気づくまでずっと無意識にもち続けていたのでした。

セラピーで傷ついたままのチャイルドと対面し、話を聴き、寄り添い、癒し続けました。自分のことを本当にわかってあげられるのは自分なのだなと実感できます。置いてきぼりのまま分離していた自分を自分自身で救いだすことができたとき、とても軽やかに自由になったのです。心から自分を信頼し、肯定感になり、自分自身を愛することができました。こころの成長、自立となっています。

今現在、陽のあたるセラピースペースを立ち上げ、施術者として、9か月の赤ちゃんから105歳のご高齢の方まで関わらせていただいております。先日、セッション中、クライアントさまのインナーチャイルドが現れ、癒しの光があてられていくのを見届ける体験をしました。

クライアントさまのもたれている美しさと見守っておられる大いなる存在の愛の光にハートが熱く豊かになる体験でした。これからも、インナーチャイルドを軸に、カラダの施術から、ココロのセラピーから、自分を知る学びから、本来もつその人らしい輝き、自己治癒力が発揮できるカラダとココロになるお手伝いさせていただきます。

トータルセラピーサロン　Ｒｅｎａｔｕｓレナトゥス代表　柳川なおみさん
～すべての女性が最高の笑顔で自分らしくあるために～

わたしは20代後半から40代前半まで、18年という長い歳月を精神疾患にもがき苦しみながらも、答えの見えないトンネルの中を、幸せになりたい一心で足りないパズルの欠片を探し歩き続けていました。体質改善を経て病気を完治させ、夢だったデトックスサロンを起業しても、わたしの中での自分を探す旅が終わることはありませんでした。

「何かが足りない…」本質的な根っこの部分にある、インナーチャイルドの存在。こずえ先生のメルマガを見つけたとき、これだ！　と直感しました。それはわたしのインナーチャイルドを癒す旅のはじまりでした。7日間の自分を癒すワークはわたしの中のワタシを見つける尊い時間となり、生まれて初めてわたしの中で眠る深い愛の存在を知ることができました。

物心着いたときから自分の人生に生きる意味や希望が持てず、自分に価値を見出せずにいたわたしの半生の答えがここにありました。涙は止まることなく、時には嗚咽となり溢れかえりました。確かにそこにはわたしが存在していました。毎日を抜け殻のように生きてきたわたしの人生。それは、わずか7日間のチャレンジで大げさではなくわたしの生きる人生を大きく変えてくれたのです。

現在わたしは、ココロとカラダの声を聴くセラピーサロンを営んでおりますが、インナーチャイルドセラピーをお客さまが体験していくことで感動的な愛溢れる場面に何度も遭遇させてもらっています。

内面から溢れ出る輝きはとても美しく、同時にわたしも癒される幸せな時間を皆さまからいただけています。「わたしがワタシを抱きしめる」唯一無二の癒し。そのすべてがここにあります。

インナーチャイルド。内なる子ども、内なる奇跡。あなたがあなたらしく生きるための魔法。その扉の鍵を持っているのはあなたであり、そしてそれはあなたがあなた自身のインナーチャイルドを癒すことからはじまります。すべての女性が幸せになるための未来切符を『遠慮なく、堂々と、当たり前に』受け取れる自分になること。Renatusとは「生まれ変わる」という意味。すべての女性の美と健康のために、あなたがあなたらしく、ありのままの姿で新しい未来へ羽ばたいていくためのお手伝いをしていきます。

～Welcome to my life～あなたの人生にどうぞあなたを迎え入れてあげてください。

まゆらインナーチャイルドカウンセリング　樋口恵子さん
～すべての答えは自分の中に～

「わたしの家庭環境は少し人とは違うのかもしれないと思いはじめたのは中学生の頃でした。父は真面目な人でしたが、機嫌を損ねると感情のままに怒鳴り子供には手をあげる人でした。母はおっとりしていて、そんな父を止めることができない人でした。

わたしは結婚して母親になり絶対に自分の育ったような家庭はつくらない、優しい親になると心に決めたのです。ところが子育てをしていくうちに父と同じ口調で娘を叱る自分に気がつき、愕然としました。あんなに嫌だったのに、わたしは娘に同じことをしている…と、負の連鎖でした。

嫌だ！　誰か助けて！　と心が悲鳴をあげていたとき、こずえ先生のインナーチャイルドセラピーに出会いました。時間を間違えたにもかかわらず、笑顔で迎えていただきました。

セラピーを受けて驚いたことは、インナーチャイルドセラピーは自分のチャイルドを見つけ出し現在の大人の自分が癒す、すべての答えは自分の中にあるということでした。

その後こずえ先生のセラピスト養成講座で多くのことを学び、今は少しずつカウンセリングやセラピーをさせていただいています。カウンセリングを希望される方は様々な悩みを持っておられます、やはり小さなころの記憶をたぐり寄せていくとご本人も忘れていた辛い記憶や満たされなかった思いがあるとわかります。わたしはこれから1人でも生きづらい思いをしている方が笑顔になれるお手伝いを続けて行きたいと思っています。

人生輝かせプロデューサー　上田一江さん
〜人生後半戦、自分らしく輝いて生きよう！〜

わたしとインナーチャイルドセラピーとの出会いは50代も半ばに差し掛かったころです。そのころのわたしは、50代になっても、いわゆる毒親である母の影響から逃げられず苦しんでいました。助けを求めて自己啓発本、心理学本を読み漁り、カウンセラーやコーチの資格も取りましたが、辛さは全く解消されませんでした。

そんな中で出会ったのがこずえ先生のブログ。もうわたしが救われるにはこれしかないと、すぐさま体験会を申し込み、その場でインナーチャイルドセラピスト養成講座の受講を決めたのでした。そうしてはじまった養成講座は、驚きの連続で。その中で、わたしには忘れられない瞬間があります。

講座の中で自分の苦しみを語るわたしに、こずえ先生がこうおっしゃったのです。

「よくここまで生きてこられましたね…」

初めて、わたしの苦しみをわかってくれる人に出会えた、わたしは救われるかもしれないと思いました。結果はその通りで、わたしはインナーチャイルドセラピーを学んで、救われました。人生が大きく変わりました。だから今はこの感動を、体験を、1人でも多くの方にお伝えしたいと思い、インナーチャイルドセラピストとして活動しています。インナーチャイルドセラピーは、生きづらさの根本原因を知り、それを永久に解消することができる方法です。セラピーを受けるだけではなく、セルフセラピーで癒すこともできます。素晴らしいことだと思いませんか？

イルカの愛と癒しのメッセンジャー✴インナーチャイルドセラピスト　Ｎｏｒｉｋｏ　徳本教子さん
～無限の可能性を味方にして輝いていけるインナーチャイルドの癒し～

わたしは幼いときから自分に自信がなく、人と話すのが怖くて、他人軸、感情がうまく出せなくて、何がしたいのかわからなくて…。

そんな自分のことが好きになれませんでした。そんな中はじまった子育て…感情をあらわにする子供にどうしていいかわからず、とても苦しい子育てでした。

「大切な子どもをどうしたら守れるんだろう…」と悩んでいたところこずえ先生のインナーチャイルドの癒しの講座に出会いなぜ今まで生きづらかったのかがわかりました。それは生きづらさの中にいたわたしには想像もつかないことでした。１人ぼっちで我慢していた小さなわたしのチャイルドが「やっと気づいてくれた…」と。あんなに人前で涙を流したことはないくらい自分の感情が溢れ出しました。

こずえ先生のハートから溢れ出る愛を受け取っていくうちに、自信のない不安がベースのわたしから、「ありのままで大丈夫」という安心感と心強さにいつしか変わっていき自分のことが大好きになりました。

今のわたしがあるのは、いつも愛情いっぱい見守ってくださったこずえ先生のおかげです。

インナーチャイルドセラピーを受けてくださった方からも「新婚当初よりも幸せを感じています」「子供たちと向き合い方に変化があり、寄り添うことができました」「あれだけ苦しかった胸のつかえがとれ、朝の目覚めもスッキリ♪」と嬉しいお声をいただいて、クライアントさんの笑顔に立ち会える瞬間は「インナーチャイルドの癒しの力って、本当にパワフルで、無限の可能性を味方にして輝いていけるんだなぁ」とジーンと感激することも。そんなクライアントさんから勇気をいただいています。

わたしにとってインナーチャイルドの癒しは「何でこんなに大切なことを今まで誰も教えてくれなかったのか…」と夢から醒めたような体験でした。だからもし、かつてのわたしのように「お母さんやめたい…」と誰にも助けを求めることもできず、我慢して一生懸命頑張っているお母さんがいるとしたら、インナーチャイルドの癒しに心を寄せてほしいです。

幸せなお母さんの笑顔が溢れ、１人ひとりが輝く優しい世界で手をつないでいけますように。

妊娠や子育てに悩むママのためのインナーチャイルドセラピー　みかづき助産所　小野裕子さん
～自分を大切にできる人を増やしていくのがわたしのお役目～

わたしがインナーチャイルドセラピストの講座に申し込んだのは原因不明の湿疹に悩んでいたときでした。何とかしたくて整体や鍼灸に通っていると先生達に肝臓が悪いと言われたのです。

そんなときに肝臓は怒りを溜める所だと言われてハッとしました。

わたしは夫の暴言に悩み、怒りを感じていたのにその感情に蓋をしていたのです。

またわたしには胎児期の出来事から自分は存在してはいけないと思い込んだインナーチャイルド

がいました。そのチャイルドをぎゅっと抱きしめると心が温かくなるのを感じました。

わたしはただ愛されたかっただけなんだ。

そのことに気が付いて傷ついたインナーチャイルドに「あなたはここにいていいんだよ」「大好きだよ」などと声を掛けて癒していくことで自分のことを大切に扱えるようになりました。

それからいつも大声で怒鳴り散らしていた夫が今は断酒をして暴言を吐かなくなりました。

それどころか「いつもありがとう。」とねぎらってくれるようになりました。

3年程かけて何度も傷ついたインナーチャイルドと向き合って癒し続けることで今は手の湿疹も出なくなりました。またいつか開業したいと思いながらなかなかできなかったのが、とうとう開業することができました。

そしてわたしのインナーチャイルドセラピーを受けてくださった方のお子さんが4年ぶりに学校へ行くようになったり、お友達との仲が上手くいくようになったり、アルコール依存症のパートナーさんがお酒を辞めたりと確実に効果が出ていて本当に嬉しいです。

これからはもっとたくさんの方にインナーチャイルドセラピーの素晴らしさを伝えて自分を大切にできる人を増やしていくのがわたしのお役目だと感じています。

また、助産師としての立場も使って子育てが楽しくなるようにサポートします。

講座を開講してくださったこずえ先生には本当に感謝しています。

不登校引きこもり専門セラピスト　プライベートサロンLe cocon 運営　尾崎祐子さん
～あきらめなくても大丈夫！　お母さんの癒しと気づきがお子さんの不登校引きこもりの改善解決につながっていく～

初めて体験セッションを受けたとき、潜在意識の中の小さなわたしに出会い、涙が止まらなくなりました。小さなわたしは、気持ちが沈みがちな母親を元気づけようと一生懸命でした。

「わたしが頑張らないとお母さんが死んじゃう」

と、思っていたんですね。父は厳しく、弱音を吐いたり泣くことを許されなかったせいか、人に思ったことがなかなか言えなかったわたし。いかに自分の感情や体の声を無視して生きてきたかに気づきました。わたしには中学生から不登校引きこもりが約10年続いた息子がいます。

怒りや泣くことなど、それまで禁止していた感情を自分に許していくにつれ、息子も少しずつ感情を解放できるようになり、８ヵ月経つ頃には働けるようにまでなりました。

セラピーにより「わたしはお世話しなければならない」という幼少のころからの無意識の思い込みに気づきました。思い込みと不安を手放し「息子は自分で人生を選択して進んでいける」と信じる覚悟ができたとき、状況はあっという間によくなりました。わたしのインナーチャイルドの癒しの道のりは息子の癒しの道のりでもありました。

現在は不登校引きこもり専門セラピストとして「プライベートサロンLe cocon」を運営しています。辛いときに寄りそってくれた先生や仲間がいたからこそ、自分と向き合い続けることができました。今度はわたしが悩んでいる方をサポートする番です。
そしてわたしのチャイルドと共に、これからもたくさんの夢を叶えていきたいです。

魂の光を思い出す　スピリチュアルアドバイザー　平良ゆりこさん
～皆さんの心の奥にある光を見つけ、育てていくことが使命～

わたしが真剣にインナーチャイルドと向き合うことに決めたのは、子供との関わりで、頭では子供を怒鳴ること、手をあげてしまうことがダメだとわかっているのに、全く抑えられないことがきっかけでした。それまでも色々うまくいかない日々を過ごしていました。「起業したい」という20代からの夢も諦められませんでした。

「インナーチャイルドセラピスト養成講座」で学んで起業する！　とにかくそれに集中しました。講座で習ったグラウンディング・センタリングの瞑想や今まで見てこなかった自分の心の奥にあった信念をきちんと見て、日々感情が湧いてきたら感じ、インナーチャイルドに声掛けをし、アファメーションも欠かしませんでした。それでも、一進一退し止まってしまったりもありましたが、先生に質問したり、絶対にわたしは起業を続ける！　という強い想いで乗り越えてきました。

現在はチャネリングやヒーリングを主に活動しています。思ってもなかったスピリチュアル能力が開花したのはインナーチャイルドを癒したこと、瞑想を続けていたからだ、と確信しています。

わたしはスピリチュアルの道がとても合っていて、自分と真摯に向き合ってきたご褒美だと感じています。そして、わたしのクライアントさんはインナーチャイルドの傷を抱えている方が多いです。

わたしは自分が乗り越えてきた経験・知識をお伝えし、サポートしています。インナーチャイルドときちんと向き合うことで、夢だった起業もでき、天職とも出会えました。１人では決してできなかったことです。こずえ先生と出会い、恐くても行動することで、道が開けました。その他、家族との関係などもすべて真逆に変わりました。これからもわたしは使命である皆さんの心の奥にある光を見つけ、育てていくお手伝いをしていきます。人生に悩んでいる方は、ぜひ自分とインナーチャイルドに真剣に向き合ってみてください。きっと、新しい自分と出逢えると思います。

あなたの心に灯った光は永遠です

今回執筆にあたってお声がけしたみなさん、快くご自身の経験をシェアいただきありがとうございます。ここで読者のみなさんにお伝えしたいことは、それぞれの変化は、ご自身の愛の力でもたらされたということです。わたしはあくまでサポートしたに過ぎません。個の花が開くときをじっくり待ち、傍で見守る。そっと背中に触れることはありますが、できるだけ何もしないことが、セラピストとしての姿勢で大切にしていることです。それが一番早く癒しと変化をもたらすことを体験として実感しているのです。わたしの心に灯った光。生徒さんの心に灯った光。そして今、あなたの心の中にもきっと平和の光が輝いていることでしょう。これからも、小さなあなたの手を放さずに、つながりを深めていただくことを願っています。

エピローグ

小さなあなたからの手紙

わたしに出会ってくれてありがとう。

いっぱい話を聞いてくれてありがとう。

またギュってしてね。

遊んでね。

もう1人にしないで。

ずっといっしょにいてね。

大人のあなたともっと仲良くなりたいチャイルドより

おわりに～わたしの癒しの道のり～

執筆に集中するために石垣島へ来ています。青い海。波の音。鳥たちのおしゃべり。パワフルな木々や色とりどりの花を眺め、その周りを飛び交う蝶に心満たされています。夜には満天の星空が広がります。ここに来ると、あるがまま存在することがどれだけパワフルなことかが、懐かしく蘇ってくるようです。

大自然と同じような存在のパワーを、わたしたち1人ひとりは持っているのです。ですから、ただあなたでいることがどれだけ価値のあることか、インナーチャイルドの癒しを通じて体験していただけたらとても嬉しいです。自分になる。それは決して固執することを意味するのではなく、自然な状態なのですから。

ここで私自身の癒しの道のりをお話しさせていただきます。亭主関白の父、完璧主義の母の元、2人の期待を一心に背負い、ヒーローとして、母の慰め役として、父のご機嫌取りとして、幼少期を過ごしました。両親の顔色を窺い、弟の面倒をみて、勉強も習い事も一生懸命頑張っていました。

しかし、2人の関係性は悪化。努力むなしく、12歳のときに父を自死で失ってしまいました。わたしのせいだという罪悪感、頑張っても父を救えなかった無価値感でいっぱいでした。父の死後、母の泣く姿を見るたびに、胸がえぐられるような気持ちでした。母や弟を助けなければという責任感がのしかかり、10代のわたしは、自分というものが空っぽだったのです。中学時代にはいじめも体験しました。心を閉じ、誰とも表面上でしか付き合えず、外では笑っていても、心の内は孤独でした。

19歳のとき、ある出会いにより変化が訪れました。アウト・オン・ア・リムという精神世界の探求について書かれている本です。「あなたはそのままで愛の存在です」「自分を愛しましょう」などというメッセージが、わたしにはとてつもなく衝撃的でした。父の死を通じて自分を見失っていたわたし。それらのメッセージに、まるで息を吹き返したような感覚を覚えました。

それから、ある自己啓発セミナーで、インナーチャイルドの抑圧していた感情が一気に解放される体験をしました。世界が広がって見えました。新鮮で、生き生きしていて、小さい子もお年寄りもどこに行ってもすべての人が愛おしく、みんなつながっているという感覚、ハッピーでたまらない状態でした。

わたしにとってその高揚感は特別なインパクトがあり、その後、極端なポジティブ思考にハマってしまいました。わたしはプラスの感情以外を切り離してしまったのです。

結婚して子育てをする中で、抑圧されたインナーチャイルドは再び押し込められてしまいました。夫のことを愛しているものの、違和感を感じたとき、自分の本当の感情を正直にコミュニケーションすることができませんでした。それは、子供たちにケンカする姿を見せたくなかったからです。あんなにも大変だった、両親の間をとりもつという役目だけは、絶対にさせたくなかったのです。

しかし、インナーチャイルドを専門的に扱うようになって、「されて嫌だったことを絶対にしない」

という姿勢も、インナーチャイルド独特の思考だったということを知り、納得しました。

今わたしが実践できることは、チャイルドと共に、家族、人間関係、あらゆる出来事の中で毎瞬毎瞬自分に起きる反応に気づき、愛と許しを与えることです。いい期待も、悪い期待も、いいジャッジも、悪いジャッジも、ネガティブな感情も、ポジティブな感情もすべて。記憶とはわたしたちの魂の光を覆う雲のようなものですから、無意識をクリーニングし続けることは、雲間から本当の魂の光を見出す作業なのです。

私自身が探求してきた幸せの道のりで、最終的な核がインナーチャイルドの癒しです。心理学、催眠療法、脳科学、カウンセリング、ヨガ、ダンス、スピリチュアル…さまざまな学びを実践し、統合したプログラムを提供できる今に感謝の気持ちでいっぱいです。

あなたとインナーチャイルドの信頼関係は、あらゆるものとの愛のつながりを深めてくれるでしょう。あなたが自分に費やした時間は、ギフトとして返ってきます。それは、目に見える評価や勲章や社会的な地位ではないかもしれません。が、確かにあなたの中に灯る平和と幸せです。豊かさです。

だから皆で、このすばらしい旅路を歩んでいくことを願っています。わたしも、永遠に実践者として歩んでいきます。この本を通じて出会っていただき、心からありがとうございました。

はじめての出版でお世話になりましたセルバ出版の森社長、企画から支えてくださった敏腕コーディネーターの小山さん、イラストレーターの宇都木めぐみさんに感謝します。ご縁をいただいたチャレンジ石垣島のスタッフに感謝します。本を執筆するにあたって一番の原動力になったセラピストスクールの生徒さんに感謝します。1人ひとりの変化の道のりを鮮明に記憶しています。どうぞこれからもチャイルドとの関係を深め、自分らしい才能を誰かのために循環してくださいね。元気の源バイタルダンスファミリーに感謝します。

そして、わたしの人生に大きな課題を提供してくれた、亡き父と母。義理の父と母に、最大の感謝を送ります。弟家族、親類に感謝します。自分のやりたいことへ進む決断をいつも理解し、支えてくれる夫、応援してくれる子供たちに心から感謝を送ります。ありがとう。

では読者のみなさん、あなたの平和のために、どんなときも自分を愛し、小さなあなたを愛し続けてくださいね。

それでは、また、お会いしましょう!

サンゴの海、渡り鳥の声が響く夕暮れ時石垣島ホテルの一室より愛と感謝を込めて。

ICセラピストアカデミー
インナーチャイルドセラピスト協会® 代表　藤本こずえ

・ICセラピストアカデミー HP https://ic-therapist.jp/
・セミナーなど講演、取材依頼は info@ic-therapist.jp まで

《参考文献》

『インナーチャイルド本当のあなたを取り戻す方法』ジョン・ブラッドショー著（ＮＨＫ出版）
『前世療法とインナーチャイルド』トリシア・カエタノ著（ＶＯＩＣＥ）
『内なる子供を癒す　アダルトチルドレンの発見と回復』Ｃ・Ｌウィットフィールド著（誠信書房）
『アダルトチルドレン・シンドローム』Ｗ・クリッツバーグ著（金剛出版）
『わかりやすい交流分析１～５』中村和子　杉田峰康著（株式会社チーム医療）
『トラウマと記憶脳・身体に刻まれた過去からの回復』ピーター・Ａ・ラヴィーン著（春秋社）
『身体はトラウマを記録する』ベッセル・ヴァン・デア・コーク著（紀伊国屋書店）
『チャクラの神髄』アノデア・ジュディス・Ｐｈ．Ｄ著（アストラハウス）
『密教ヨーガ』本山博著　（宗教心理出版）
『ブッダの実践心理学』アルボムッレ・スマナサーラ著（サンガ）
『思考のすごい力』ブルース・リプトン著（ＰＨＰ研究所）
『アサナ　プラナヤマ　ムドラ　バンダ』スワミ・サティヤナンダ師（ビバール・スクール・オブ・ヨガ発行）
『みんなが幸せになるホ・オポノポノ』イハレアカラ・ヒューレン著（徳間書店）
『ウニヒピリ』イハレアカラ・ヒューレン著（サンマーク出版）
『魂の科学』スワミ・ヨーゲシヴァラナンダ著（たま出版）
『和解』ティク・ナット・ハン著（サンガ）
『ダンスセラピーの理論と実践』日本ダンスセラピー協会（ジアース教育新社）
『タオと人間医学』謝明徳原著（産学社エンタプライズ）
『愛と心理療法』Ｍ・スコット・ペック（創元社）

著者略歴

藤本　こずえ（ふじもと　こずえ）

愛知県出身　1971 年生まれ
金城学院短期大学部社会科卒業。
小学校６年生のときに父を自死で失う。子供ながらに父親を救えなかった罪悪感、無価値感で生きづらさを抱えて思春期を過ごす。結婚して３人の子供の母となり、育児や家事に専念する幸せの一方「生きづらさ」「心に穴の空いた感覚」はつきまとう。自宅でピアノ教室を 15 年続けながら、カウンセリング、ヒプノセラピー、ヨガ、セラピーダンスなどを学び続ける。中でも最も変化を生んだのがインナーチャイルドの癒しと学びであった。2017 年より IC セラピストアカデミーを立ち上げ、心の癒やしから資格取得までを指導。現在までブログ、メルマガなど 6000 人にインナーチャイルドの癒しをレクチャー。心理学とスピリチュアル、ヨガ、ダンスプログラムなど、心と体と精神のバランスを整える体験型講義に定評があり、「人生が変わりました」「自分のことが大好きになりました」と受講生からも好評を得ている。体験セミナーでは参加者の９割に 10 分で涙の解放が起きる、癒しのきっかけを提供している。
IC セラピストアカデミー / インナーチャイルドセラピスト協会 ®　代表
ABH（米国催眠療法協会）認定マスターヒプノティスト。認定校。NGH(米国催眠師協会)公認ヒプノセラピスト。潜在意識変容チャクラヨガプログラム開発。Vitaldevelopment®日本校ファシリテーター。トリシア・カエタノインナーチャイルドセラピスト受講生。日本ダンス療法協会会員。チャクラヨガティーチャー。YAMAHA 音楽講師グレード所有。

あなたに幸せを運ぶインナーチャイルドの愛し方
～傷ついた内なる子供を癒し心から幸せになる魔法～

2023年８月24日　初版発行　　2024年８月8日　第 3刷発行

著　者　藤本　こずえ　© Kozue Fujimoto

発行人　森　　忠順

発行所　株式会社 セルバ出版
〒 113-0034
東京都文京区湯島１丁目 12 番６号 高関ビル５Ｂ
☎ 03（5812）1178　FAX 03（5812）1188
https://seluba.co.jp/

発　売　株式会社 三省堂書店／創英社
〒 101-0051
東京都千代田区神田神保町１丁目１番地
☎ 03（3291）2295　FAX 03（3292）7687

印刷・製本　株式会社 丸井工文社

Printed in JAPAN
ISBN978-4-86367-831-6